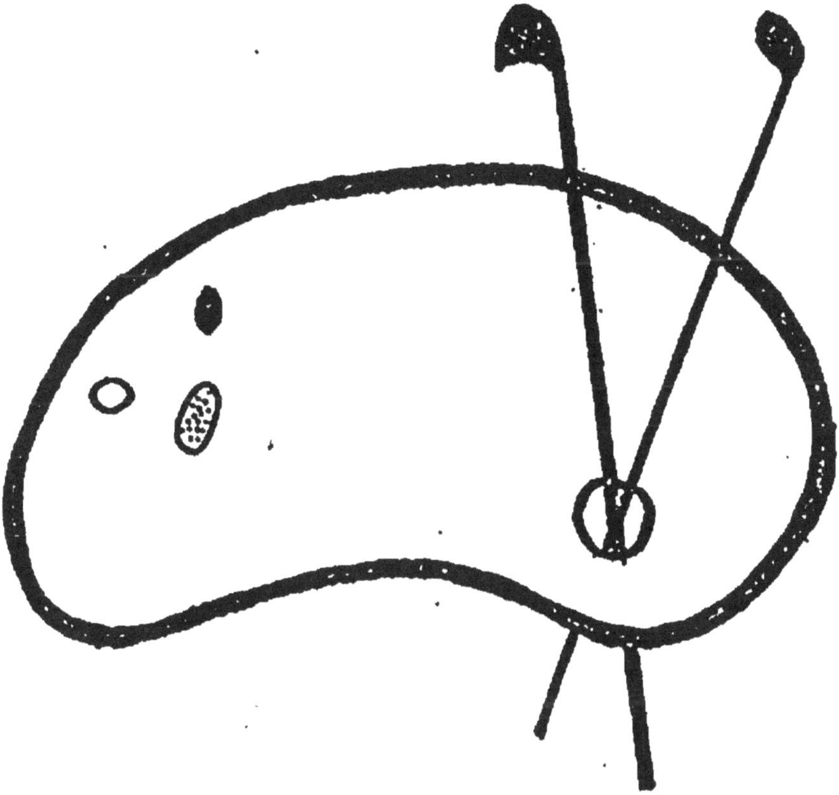

COUVERTURE SUPERIEURE ET INFERIEURE
EN COULEUR

Alexandre Weill

(ŒUVRES COMPLÈTES)

MES CONTEMPORAINS

PUBLIÉS EN

MIL HUIT CENT SOIXANTE-QUATRE

AVEC UN APPENDICE

DE MIL HUIT CENT QUATRE-VINGT-DIX

« Plus cela change, plus c'est la même chose ! »

(Alphonse KARR.)

1 FRANC

PARIS

CHEZ SAUVAITRE, 72, BOULEVARD HAUSSMANN

ET

CHEZ L'AUTEUR, 11, FAUBOURG SAINT-HONORÉ

—

1890

DU MÊME AUTEUR

LES

CINQ LIVRES DE MOÏSE

Traduits textuellement de l'hébreu, avec Commentaires et Étymologies, prouvant irréfragablement que l'hébreu est la langue mère de toutes les langues anciennes et modernes.

LIVRE PREMIER

(PARU)

LA GENÈSE

Avec élimination des textes interpolés de la religion miraculée et idolâtrée du second Temple; textes qu'Esra et la Grande Synagogue ont frauduleusement mis dans la bouche de Moïse.

Vient de paraître.

LIVRE DEUXIÈME

L'EXODE

Chaque volume . . . . 5 fr.

Paris. — Imp. Paul Dupont (Cl.) 1207 *bis*, 10.90.

MES CONTEMPORAINS

Paris. — Soc. d'imp. PAUL DUPONT, 4, rue du Bouloi (Cl.) 1207.9.90.

Alexandre Weill

(ŒUVRES COMPLÈTES)

MES CONTEMPORAINS

PUBLIÉS EN

MIL HUIT CENT SOIXANTE-QUATRE

AVEC UN APPENDICE

DE MIL HUIT CENT QUATRE-VINGT-DIX

« Plus cela change, plus c'est la même chose ! »
(Alphonse KARR.)

PARIS
CHEZ SAUVAITRE, 72, BOULEVARD HAUSSMANN
ET
CHEZ L'AUTEUR, 11, FAUBOURG SAINT-HONORÉ

1890

MES CONTEMPORAINS

Seul.

Quand j'ai publié mon *Syllabus, la Parole nouvelle* était pourpensée et écrite. Je savais que le pilote aurait plus de succès que le requin. L'un, tout en frétillonnant, donnait des coups de queue et de dents à droite et à gauche; l'autre, traçant une ligne droite vers les rives inconnues de la vérité, n'avala que des erreurs. *Le Syllabus* est une application des principes de *la Parole nouvelle* à des poètes et à des romanciers du siècle. Voici maintenant le tour des hommes d'État et des écrivains politiques.

Je suis toujours seul et le resterai longtemps encore. C'est à la fois un malheur et un avantage : un malheur, quand on veut vaincre pour gouverner ; un avantage, quand on ne veut que convaincre pour abdiquer en faveur d'un successeur. Certes, j'aurais mieux aimé être chevaleresquement indulgent; mais, quoique ma chevauchée ressemble quelque peu à celle de don Quichotte, les adversaires que je combats sont de vrais meuniers, et non des moulins. Il ne s'agit pas seulement d'établir une doctrine de vie pour les générations à venir, il faut avant tout expulser les éléments de mort de tout un siècle pourri.

Je ne suis ni un misanthrope ni un envieux. Ne

demandant rien, je n'ai à me plaindre de personne. L'âge ne m'a pas donné d'humeur. Je ne trouve pas que le temps, — lors de ma jeunesse, — était meilleur que celui d'aujourd'hui. Il couvait les œufs d'où est sortie une armée de petits poussins et de petits Poucets. Les hommes de nos jours sont les incarnations vivantes des erreurs écloses avant et pendant ma jeunesse. Ce sont les mêmes têtes que la presse, depuis trente ans, couronne et recouronne de lauriers ; elles n'ont fait tant de bruit que parce que, creuses, les événements, comme des baguettes, ont joué dessus leurs coups précipités. Non seulement, comme David, il faut que je tranche ces têtes de Goliath, mais il faut, par-dessus tout, que je les casse, pour montrer au peuple qu'elles sont vides, que tout y est louche : Science, Raison et Jugement.

Cela fait, — et je le ferai, — je reprendrai ma harpe et chanterai des louanges au Seigneur.

Y a-t-il une vérité absolue ?

Ce cri, le premier vagissement du XIXe siècle, et qui sera son dernier râlement, a stérilisé tous les hommes de génie et de talent et lui a fait perdre toutes les conquêtes spirituelles des siècles précédents. En effet, s'il n'est pas de vérité absolue, idéale, prototypique, servant de critérium, de mesure et de guide, s'il n'est pas dans le monde social et politique une loi morale aussi éternelle, aussi imperturbable qu'un axiome mathématique, physique et statique, en vertu de quel principe un homme, fût-il grand comme le monde, blâmera ou louera-t-il qui que ce soit, quoi que ce soit ? De quel droit ma raison trouve-t-elle la raison d'autrui contraire à la raison ? Toute critique serait une impertinence, tout jugement une folie. Qu'est-ce que la justice, le droit, la vertu, l'honnêteté, la chasteté, la charité, le dévouement, le sacrifice, l'immortalité ? Des mots !

Moins que cela : autant de duperies! Qu'importe la religion du pape, du sultan, du czar, ou celle que pourraient professer les tigres, les serpents, les chacals, les vipères et les crapauds! Qui me dit que ma philosophie est plus ou moins conforme à la vérité, si la vérité n'est nulle part? En vertu de quel principe ose-t-on condamner le vol, le dol, le viol, l'assassinat, à plus forte raison la tyrannie, l'oppression, la guerre, le droit du plus fort?

Voilà, en effet, où en est arrivé le XIXe siècle sceptique, siècle de négations, de faiblesses, de couardises et d'indulgences, vivant les unes des autres, se dévorant les unes les autres, comme la vermine et les bêtes féroces. C'est l'ordre prôné des tyrans, espérant n'être jamais les plus faibles. C'est l'anarchie rêvée des athées, désirant être les plus forts!

Ce qui n'est pas absolu n'est pas vrai.

Non seulement il est une vérité absolue, mais encore rien n'est vrai à moins d'être absolu. L'erreur seule est multiple, variable à l'infini, comme la maladie. *La santé est une, absolue.* Il faut, pour qu'elle soit, que tous les organes fonctionnent avec une stricte régularité. Un seul de ces organes viendrait à manquer, à se briser, ou seulement à retarder ses mouvements, la santé n'est plus, et voilà la maladie qui arrive, — des milliers de maladies contre une seule et unique santé. Il en est de même de la vérité une, absolue, contre mille erreurs. Dès que l'on s'éloigne de la vérité fondamentale, on frise une erreur.

De même de la statique, de la géométrie et des mathématiques. Deux et deux font quatre : vérité absolue. Sortez du chiffre quatre, vous tomberez dans des erreurs innombrables.

Ainsi de toute vérité.

Encore que toute maladie prouverait une santé prototypique, même si personne ne l'eût jamais connue. Ainsi toute erreur est une preuve de la vérité absolue. Toute négation est la contre-épreuve de l'affirmation. Un homme disant : « Le jour n'est pas, » prouve par cela même l'existence du jour. Si le jour n'existait pas, cet homme n'aurait jamais pu le nier. De même l'athée disant : « Dieu n'est pas, » ou : « La vérité n'existe pas, » c'est avec sa raison, partie essentielle de Dieu dans l'homme, que cet homme croit nier Dieu. Il ne fait qu'en constater l'absolue existence. J'ai établi quelques-unes de ces vérités absolues dans ma *Parole nouvelle*, livre pour lequel je suis venu au monde. Je n'en répéterai ici que deux. Les autres se détacheront de ma critique même.

Soixante lignes contre soixante siècles.

Il est une loi fixe, immuable, inexorable, à la fois cause et effet, en vertu de laquelle tout existe. — Cette loi non seulement ne détache jamais et nulle part un effet de sa cause, ne tourne jamais le bien en mal ni le mal en bien, non seulement ne pardonne pas le mal fait, mais *elle ne le peut pas*. « Si l'on pouvait imaginer un autre monde que celui-ci, dit Montesquieu, *il aurait des lois immuables, ou il serait détruit.* » Si Dieu, la loi en vertu de laquelle tout existe, par une grâce, par un miracle, pouvait suspendre sa loi, faire qu'une chose faite ne le fût plus, pardonner, c'est-à-dire annihiler le mal fait, le crime commis, ou détacher un effet de sa cause, non seulement l'univers, n'existant que par la même loi, s'écroulerait dans le néant, mais encore, si Dieu était tout-puissant à pardonner les fautes et les crimes, et que les hommes pussent être heureux sans qu'ils fussent vertueux par leur libre arbitre, ce Dieu, qui ne pardonnerait pas toujours à tous, et qui par là s'opposerait au bonheur de ses créatures, serait le dernier des êtres, le plus misérable des créateurs.

Il ne l'a jamais ni voulu ni pu.

La grandeur de Dieu est précisément dans sa volonté identique à sa loi immuable. L'histoire des hommes, qui est la preuve vécue de la loi de Dieu, prouve cette vérité absolue à chaque page. Les humains n'ont rien à reprocher au Créateur. Il leur a tout donné pour être heureux. Ils n'ont qu'à vivre selon la raison, d'après l'instinct du juste et de ce qui ne l'est pas, instinct inné dans tous les êtres créés. L'homme est libre et responsable. S'il fait le bien, le bien donne le bonheur S'il fait le mal, le mal tombe quelque part inévitablement, inexorablement, sans rémission ni pardon, sur le bon aussi bien que sur le méchant, car tous les êtres sont solidaires, pour le bien comme pour le mal. *Sur cette planète, il n'est pas d'autre moyen d'éviter les malheurs des hommes que de les empêcher de faire du mal à qui que ce soit, à quoi que ce soit.* — Il ne suffit donc pas de faire le bien, il faut avant tout empêcher le mal, au risque de perdre fortune et vie, attendu que la moindre injustice commise envers n'importe qui, retombe sur tous sans exception. Cette loi absolue se retrouve dans toute l'histoire humaine.

Le progrès ne vient pas de Dieu. Il est exclusivement l'œuvre de l'homme, de sa virilité appelée vertu, de ses efforts pour le bien, de ses sacrifices contre le mal. En vertu de la loi immuable, le progrès avance avec le bien et la vertu; il recule avec le mal et le vice. Toujours et partout, toute cause produit son effet logique. *Le progrès n'est donc ni forcé, ni continu, ni indépendant des principes, des croyances et des actions de l'homme.* Il est entièrement dans son pouvoir, dans son option libre pour le bien ou le mal. Il paraît avec la vertu; il disparaît avec le vice, partout et toujours. Il est dans l'histoire humaine des siècles entiers d'éclipses de progrès, des siècles d'iniquités, de calamités et de servitudes !

La gloire.

Veut-on savoir si un siècle, si une société monte ou descend, avance ou recule, se divinise ou se bestialise, que l'on mesure la distance entre la gloire et l'homme. La gloire, c'est la volonté humaine aspirant aux hauteurs atteignables de l'infini, à la prolongation de la vie au delà de l'éternité. Elle annihile l'espace et le temps; elle rend l'homme ubiquiste. Aussi n'est-il pas d'humain insensible à la gloire. Cela ne se peut, car elle est la substance divine dans l'être, la partie aspirant au tout. Ceux-là même, dit Cicéron, qui raillent la vanité de la gloire mettent leurs noms au frontispice de leurs traités. L'homme partage tout avec ses semblables : fortune, bien-être, plaisirs, et jusqu'à sa femme, hormis la gloire. Nul ne cédera un rais de sa gloire, pas même à son fils. Il ne le peut d'ailleurs pas, le sentiment de la gloire plus ou moins vif étant précisément ce qui constitue l'individualité et qui, selon la quantité de substance infinie, accuse le rang que l'on occupe dans l'échelle des êtres. De là vient que nulle œuvre faite en collaboration ne saurait prétendre à la gloire, forcément individuelle. Y prétendit-elle, ce serait en vain. De là encore que les œuvres à deux et à trois, véritables créations spontanées, ne surgissent que dans des époques de pullulations, de rampements et de grouillements.

Là où la gloire haut placée touche presque à l'infini, dès que l'homme, par le bien faire plutôt que par le bien dire, par l'héroïsme, la vertu et le travail pour autrui, y atteint ou y aspire seulement, la société, toujours traînée à la remorque par les grands moteurs, qui sont les grands principes incarnés dans de grands hommes, monte vers la vérité, avance d'un pas sûr vers le bonheur; — car il n'est pas de prospérité durable en dehors du vrai spirituel! — Dans les pays, au contraire, où la gloire, décrochée des hautes cimes, descend vers la terre, descend, descend toujours, en se mettant à la portée de toutes les aptitudes, de tous les appétits, de toutes les voluptés, n'exigeant plus ni aspiration, ni élévation, ni travail, ni vertu, ni sacrifice, la société, glissant, bondissant, dégringolant de degré à degré, finit par s'identifier avec l'élément bestial, et, s'incarnant dans la corruption, se noie dans un déluge de sang et de fange.

La France depuis 1830.

Jamais, à aucune époque, dans aucun pays, excepté peut-être en Grèce, à Rome et à Byzance, au plus bas de la servitude volontaire, la gloire ne fut aussi bon marché que dans la France du XIXe siècle, surtout de 1830 à 1860. Ce que les grands siècles ont déposé sur l'autel de la gloire a été acquis par le travail de la raison pure, en dehors des religions imposées, par le sacrifice des jouissances matérielles, par le renoncement aux dignités mondaines, par une vie de dévouements, de vertus et même de martyres.

Il ne suffit, pardieu, pas d'être un grand génie, encore faut-il que ce génie, représentant la vérité, s'épande en gerbes fécondes sur l'humanité affamée d'idéal, altérée de félicité. Hugo, après avoir prouvé un immense talent et l'exploitant sur le marché aux livres pour sa fortune, sa vanité, son élévation personnelle, ne dépasse pas le niveau d'un Pereire, qui, ayant prouvé son savoir-faire financier, profite de son crédit pour gagner des millions et des honneurs avec ses valeurs. Tous deux sont inférieurs au talent modeste, travaillant pour le bonheur de ses semblables. Il en est de même de Jules César. Nul ne saurait nier son génie, sa supériorité native. Mais ce.

génie devient malfaisant dès qu'égoïste, au lieu de prodiguer ses devoirs pour le maintien des droits de tous, il fait litière des droits de ses semblables pour y ronfler sa gloire particulière. Toute œuvre, d'ailleurs, entreprise dans une visée d'intérêt personnel est de prime saut maudite, dût-elle réussir au delà de toute prévision. Ce que l'esprit ne crée pas pour tous les temps, sans se préoccuper du moment et de l'individu, ne franchit pas le seuil de l'éternité.

J'appuie sur cette vérité. Si grand que soit le talent inné de l'homme, si par son libre arbitre cet homme, créé fort pour suppléer aux faiblesses d'autrui, puissant pour servir d'appui à ceux qui penchent, spirituel pour nourrir les pauvres d'esprit; si ce génie, manquant à sa mission, ne fait qu'exploiter sa force et son esprit aux dépens des faibles et des simples; si, allant de mal en pis, il emploie cette puissance pour satisfaire ses passions également puissantes; si enfin, au lieu de servir de phare et de guide, il égare ses semblables par ses mauvais exemples, dût-il prêcher la vertu et le renoncement en vers homériques ou cornéliens, ce génie, ce talent, loin de mériter de la gloire, n'est ni ne saurait être qu'un fléau, qu'une force monstrueuse; véritable ouragan sans liberté et sans raison, enlevant, déracinant, dévorant tout et ne laissant sur son passage que ruines et que sépulcres ! !

Les bâtards de 89.

Les hommes d'État du XIXe siècle se disent fils de 89. Hélas ! ils n'en sont même pas les bâtards !

Quatre-vingt-neuf! Mais c'est une seconde sortie d'Égypte, c'est la délivrance de vingt siècles d'esclavage, c'est l'indépendance, mais aussi la responsabilité absolue de l'homme, c'est l'inauguration de la loi de Dieu; loi immuable gravée en lettres de feu et de sang dans l'histoire des humains. Ils ont cru que c'était une révolution exclusivement politique, éclatant comme une bombe miraculeuse sur la tête chenue d'une monarchique caduque, soutenue par quelques milliers de fous se croyant d'un autre sang que le dernier des mortels, faite pour permettre à quelques manants d'escalader le pouvoir, à quelques croquants d'agioter à la Bourse, et pour tresser des couronnes de laurier aux parlotteurs du tiers état, ainsi qu'aux blagueurs des estaminets littéraires.

Ce que pendant des siècles les penseurs ont pensé, les écrivains ont écrit, les combattants ont combattu, sacrifiant jouissances, fortune, existence et jusqu'à leurs amours pour détruire les erreurs religieuses, seules sources de tous les malheurs, pour éclairer les vaillants esprits, pour opposer à la force brutale couronnée et mitrée leurs poitrines et les principes divins qui s'y étaient incarnés, Quatre-vingt-neuf l'a fait éclore et l'a fait passer, ne fût-ce qu'un instant, à l'état de fait social. Quatre-vingt-neuf, c'est un nouvel Évangile, une nouvelle lumière, chassant devant elle les ténèbres séculaires de la foi, de la grâce, de la prédestination, de l'enfer, du paradis, du miracle et du pardon. C'est la glorification de la loi de Dieu, proclamant la liberté de l'homme par sa raison et sa complète indépendance du destin. C'est la solidarité de tous les humains, tous participant au bien comme au mal de chacun, tous devant s'opposer au crime, à l'injustice, au vice de chacun, tous responsables, heureux ou malheureux d'après leurs vertus ou leurs vices. Quatre-vingt-neuf, c'est encore la glorification du travail, du travail bafoué, honni, conspué par toutes les religions du passé; c'est la réhabilitation de la raison, l'émancipation de la chair comme revêtement splendide de l'âme; c'est l'abolition de toute dualité du bien et du mal; c'est en un mot l'*avènement de Dieu et de l'homme,* de Dieu comme loi inexorable qui ne change jamais, de l'homme, libre, indépendant, seul responsable de ses malheurs et de ses misères.

Et parce que cette révolution unique dans l'histoire, lumière émergeant du chaos, a aveuglé quelques hibous, renversé quelques présomptueux ivres d'erreurs, qui, il faut leur rendre cette justice, ont tous, conscients de la grandeur de l'époque, donné de gaieté de cœur fortune et vie, les bâtards du XIXe siècle, cueillant les fruits poussés sur ce champ engraissé de sueur et de sang, et les cueillant sans labeur, sans peine et sans effort, se sont dit : Voilà le Messie venu. C'est nous qui en sommes les élus. Nous avons été créés, prédes tinés pour entrer dans le pays promis sans coup férir. Ayons soin seulement de fermer les portes derrière nous, afin d'empêcher les importuns, les fâcheux et les indignes de nous y suivre. Ils ont cru que l'humanité ferait une halte, qu'elle ne reculerait plus jamais, que la vérité, à demi fatiguée, allait se reposer, qu'ils n'avaient plus qu'à se laisser vivre, qu'à faire des vers, des tableaux, des statues et des discours; qu'à s'asseoir aux banquets de la vie publique, couronnés de myrte et de laurier, se passer l'encensoir à tour de rôle et jeter les reliefs de gloire aux gazetiers, aux histrions, aux danseuses, aux millionnaires et aux pitres!

— Vous êtes les premiers hommes d'État, disaient les rimeurs aux rhéteurs. — Et vous les premiers poètes! Gloire aux philosophes sceptiques là bas, devisant de tout et ne croyant à rien, ministres, conseillers d'État, académiciens et protecteurs d'Aspasies! Gloire aux journalistes sachant manier le dithyrambe, la réclame et l'anecdote croustillante! Gloire aux ténors, aux vraies bouches d'or. Gloire à la beauté inchaste qui, comme le soleil, se couche pour tout le monde! Gloire à l'industriel sacrifiant son temps pour... gagner des millions! Gloire aux musiciens entonnant des hymnes d'amour, de vin, de jeu et de duels sans fin! Gloire aux poètes revêtant de rimes riches toutes les pauvretés humaines, chantant l'orgie, l'amour vénal, le luxe et l'indifférence philosophique! Gloire aux peintres sachant brosser des seins nus pour des vieillards de quarante ans! Gloire aux romanciers racontant à travers mille péripéties que M. Arthur, bête comme un tenon, a fini par pivoter sur une cruche de mortaise s'appelant Marguerite, qui en est morte! Décorons-nous, décorez-vous, qu'on se décore partout! Imbéciles de pères et d'aïeux! Ils n'avaient que quelques grands hommes! Encore fallait-il suer sang et eau pour arriver à une certaine grandeur. Que de travaux, que de souffrances, que de douleurs, que de privations, que de sacrifices pour attraper un pauvre rayonneau de gloire! Nous, hommes forts, nous la taillons dans nos plaisirs, nous la faisons jaillir du marbre de nos tables d'estaminet! Nos martyres se comptent sur nos prouesses de cabinet, de boudoir et de volumes! Qu'est-ce, après tout, qu'un grand homme? *Un homme que l'on croit grand.* Ayons cette croyance mutuelle, et assurons-nous l'immortalité!

Pygmées! Nains! Avortons! Grimpant les uns sur les autres, ils se prenaient pour des géants! Un coup de pied vigoureux, et les voilà dégringolant, roulant les uns sur les autres. Ils roulent toujours!!!

Les épigones.

A peine les derniers soldats de 89 furent-ils mis en terre que les vainqueurs, autant de vautours, arrivèrent à tire-d'aile, les exhumèrent de leurs becs noirs, les dépecèrent et en traînèrent les lambeaux de chair tout palpitants encore à travers la foule, en guise de trophées réactionnaires; puis, franchissant l'abîme creusé par la Révolution, ils entreprirent de renouer la chaîne de l'ancien monde avec tous ses vices, sans aucune de ses vertus : les uns essayant de recoudre la nouvelle philosophie à tous les vieux haillons religieux mis en loques par trois siècles de raison, les autres ravaudant avec du fil nouveau les vieilles guenilles de la féodalité nobiliaire; d'autres sur de nouveaux mots greffant les vieilles iniquités, les vieilles inégalités du passé; d'autres encore à grands coups de vers, de prose, de brosse, de pinceau et d'ophicléide, initiant le peuple aux mœurs galantes de l'ancienne noblesse, tant et si bien qu'au bout de vingt ans, il ne restait plus des principes de 89 que la date et le mot!

Le premier consul.

Dans son *Mémorial* idéologne, Napoléon a lui-même condamné sa politique. Je pourrais donc prendre mes coudées franches avec lui, mais je tiens seulement à constater que le premier consul, pour la centième fois, a prouvé la thèse de Socrate et de Platon, savoir : « Nul n'est réellement grand, à moins de s'approcher de la vérité philosophique, à moins *d'aimer la justice pour elle-même.* » Plutarque a appliqué cet axiome à César, à plus forte raison peut-on l'appliquer à Napoléon. Par son premier acte de souveraineté, le premier consul a creusé la tombe du premier Empire. Point n'est besoin de rechercher les causes de sa chute dans le hasard des batailles, dans telle ou telle circonstance fortuite : la logique en vertu de laquelle toute cause produit inexorablement son effet, en vertu de laquelle il ne peut y avoir ni pardon ni miracle, a condamné le premier Empire dès le jour de sa fondation. Avec le Concordat Napoléon s'est attaché un nœud coulant au cou, qui devait tôt ou tard l'étrangler; car le Concordat avec les vieux principes d'un monde-sépulcre est la négation absolue des principes *religieux et vivants* de 89, ne reconnaissant qu'un Dieu, qu'une Loi, qu'une Raison. Avec la vieille doctrine niant la solidarité, puisqu'elle admet une providence individuelle; niant la liberté, puisqu'elle proclame la grâce, la prédestination; niant le progrès comme œuvre de l'homme et de ses actions, puisqu'elle enseigne que Dieu, dans sa capricieuse volonté, détruit le mal, pardonne à qui bon lui semble, ou qu'il détache l'effet de sa cause par un miracle, avec cette doctrine, nul pouvoir basé sur 89 ne peut durer. C'est ce qu'a dit le général Lannes à Napoléon lui-même dans un langage simple mais énergique. « Des millions de Français pendant des années sont morts pour détruire ce que vous rétablissez en un jour. » Il fallait, *nolens volens*, ou que le pouvoir reculât jusqu'au temps de Louis XIV, ou que 89, ressuscitant de dessous terre, enlevât, balayât tout! Il n'y a pas de milieu fructifiant entre la vérité et l'erreur; il n'y a pas de milieu entre la santé et la maladie. Dès que la santé n'est plus, la maladie arrive. Et comme rien ne reste stationnaire, ou le mal, gagnant du terrain, amène la mort, ou, reculant, il cède la place à la santé, Napoléon s'est tué à ce travail de Pénélope, en voulant réconcilier le passé avec l'avenir. On ne réconcilie jamais deux principes contradictoires, on ne fait que les neutraliser, les stériliser tous deux.

La Restauration.

La Restauration, poursuivant la même œuvre, seulement en retournant l'habit, est également morte à la peine. Napoléon a péri par l'étranger, la Restauration par la Révolution. C'est tout un. Ils étaient condamnés d'avance par la force logique des choses. C'est comme qui dirait deux phtisiques dont l'un meurt par un coup de foudre à l'étranger et l'autre par une chute sur le parquet de son salon. Il fallait qu'ils mourussent. Ils n'avaient pas de poumons pour respirer, ils ne pouvaient ni marcher ni rester debout. En tout cas, ils seraient morts un peu plus tôt, un peu plus tard. Quatre-vingt-neuf n'est pas une rénovation politique, la politique a conservé ses mêmes lois. Le règne constitutionnel est aussi indispensable dans une république que dans une monarchie, sous risque de tomber du despotisme à l'anarchie et de l'anarchie au despotisme. Mais nulle liberté, ni monarchique ni démocratique, n'est possible avec les principes des religions du passé. Et, de fait, jamais liberté n'a pu exister un jour à côté de ces principes. A quoi servirait-elle, puisque l'homme n'est pas indépendant de son destin, puisque sa raison est superflue, n'influant en rien sur le progrès général par l'option entre le bien et le mal, puisque le mal fait peut être annihilé par le pardon, puisque l'effet du bien peut être coupé de la cause par la volonté de Dieu? Or, sans liberté, sans indépendance de l'homme, point d'ordre possible, sinon l'ordre de la tombe ! Nul génie, fût-il grand comme le monde, ne peut rien contre la logique. Dieu lui-même, le voulût-il, ne pourrait rien contre sa *Loi*. C'est ce que Moïse lui fait dire par la parole : *Je serai toujours qui je suis*. Le vrai génie, celui qui survit au temps, cherche à pénétrer cette loi de Dieu et à fonder son empire sur cette base. Rien sur la terre ne prospère que ce qui est bâti sur une vérité céleste et absolue.

Chateaubriand.

Ce que Napoléon a tenté par un fait social, Chateaubriand l'a essayé par le verbe. *Le Génie du Christianisme* est une œuvre aussi contradictoire, aussi illogique, aussi peu viable que le Concordat. Ils n'étaient d'ailleurs sincères ni l'un ni l'autre. Nul d'eux n'osa, comme le conseille Fénelon, aller jusqu'au bout de sa raison. Ils avaient au contraire peur d'elle. *Le Génie du Christianisme*, faux dans ses principes, infécond dans son application, inaugure le spirituel et le superficiel dans les lettres du XIXe siècle. Admettons même la thèse de l'auteur : « Le christianisme vaut le paganisme, il vaut plus. » Le livre ne s'attache qu'à mettre la littérature de la Bible à la hauteur de la littérature grecque et romaine. — Admettons encore avec l'auteur que la philosophie ancienne soit insuffisante pour fonder une société nouvelle. Mais il ne s'agit plus ni des Juifs, ni des Grecs, ni des Romains, ni des Chrétiens. Quatre-vingt-neuf n'est ni juif, ni grec, ni romain ni chrétien. Quelques énergumènes de 93, il est vrai, quelques cuistres de la guillotine ont cru pouvoir ressusciter l'antiquité avec ses bacchanales et ses saturnales. Ils ont payé cette folie de leur vie, et ils n'ont laissé aucune trace, excepté celle du limaçon qui fond en marchant. Quatre-vingt-neuf est une religion éclose de la philosophie moderne. C'est la quintessence de la raison de Descartes, de Spinosa, de Leibnitz, de Fénelon, de Locke, de Newton, de Montesquieu, de Voltaire et de Rousseau. Ce n'est pas un éclectisme, c'est une religion *Une, Absolue,* dans tous ses principes primordiaux. *Elle n'admet Dieu que comme loi immuable des causes et des effets, et déclare l'homme libre, indépendant, responsable, né pour le bonheur.*

Chateaubriand, fût-il écouté, n'eût point sauvé la Restauration. Non seulement ses principes établis sont faux, mais il n'y croyait pas lui-même. Rien ne dure que ce qui est logique, conforme à la raison, conforme à l'éternelle loi de Dieu. Tout ce qui est en dehors de cette loi, fût-il soutenu par des milliards de baïonnettes, touchant de leurs pointes aux étoiles du ciel, tombe tour à tour du despotisme dans l'anarchie, de l'anarchie dans le despotisme : deux formes identiques du faux, du laid et du mauvais, et portant les mêmes fruits de malheurs, de guerres et de misères pour les peuples. Nulle prospérité matérielle en dehors du vrai spirituel. Jamais peuple croyant au miracle, au pardon, à la grâce, ne fut ni libre ni prospère. Il n'eut jamais un jour de paix et de bonheur. Les quelques puissants qui y ont vécu n'ont mangé leur pain qu'en tremblant. Ils ne dormaient que quand des esclaves veillaient pour eux, et ils furent forcés de veiller pour s'assurer que ces mêmes mercenaires ne s'endormissent pas. C'est là l'image de l'humanité du passé.

Les emboîteurs de pas.

Alors naquit une race de boiteux, de bossus, de bancals et de bigles philosophiques et politiques, qui, ne pouvant qu'emboîter le pas, s'y dandinèrent d'abord sans avancer ni reculer, puis s'y carrèrent et, véritables castors, y élevèrent des digues contre des tempêtes n'étant que des zéphyrs, contre des flots n'étant que des mares ; race de sophistes, de rhéteurs et de cuistres dépourvus de toute vérité religieuse, de toute science philosophique, se mirant mutuellement dans leur reluisante banalité, et répétant en vers et en prose que des milliers d'humains n'ont vécu, n'ont travaillé et ne sont morts que pour eux, leurs thuriféraires, leurs caudataires et leurs tributaires.

Jamais, depuis la création du monde, pareille génération d'écrivailleurs, de railleurs et de ferrailleurs ne s'empara de l'opinion et du pouvoir. Leur avènement fut un démenti à six mille années de pensées, de labeurs et de sacrifices. Dire que l'humanité entière, pendant des siècles, a sué sang et eau afin que l'école de Cousin et que la bande de Thiers et de Guizot vécussent dans la gloire populaire, sans génie, ni étude, ni effort, ni sacrifice ! — L'idée seule était faite pour ramollir tous les cerveaux faibles, en attendant que les fortes têtes se les brisassent contre les barres de fer du désespoir.

Pendant vingt années, le monde avait l'air de marcher sur la tête et de railler de ses pieds trépidants le passé et l'avenir. Plus de philosophie ! plus de religion ! plus de principe ! ou plutôt peu importe ! Soyez juif, grec, romain, catholique, protestant, turc, athée, il ne nous en chault ! Il n'y a pas de vérité fondamentale ! Vérité et mensonge, autant de mots ! Il n'y a que le progrès. Ah ! pour le progrès, nous en tenons. Le progrès, depuis l'origine des choses, marche régulièrement à travers l'histoire. Rien ne l'arrête. Il n'est pas l'œuvre des efforts, des travaux, des vertus de l'homme ; il est Dieu lui-même, ou plutôt il est le temps qui marche. Il est forcé, il est continu, il est fatal ! O les malheureux qui ont vécu il y a trois mille, il y a mille, il y a deux cents ans ! Ils n'ont pas joui du progrès, qui alors était encore un enfant, à peine un adolescent. Aujourd'hui, il a de la barbe au menton, il est dans toute la vigueur de la virilité. Il s'appelle Guizot, Thiers, Cousin, Hugo, Lamartine, Musset, Dumas, Sand, Balzac. Tout le passé a existé pour nous. La Réforme, qui a coûté la vie à trois cents millions de mortels, — pour nous. La Révolution de 89 et de 93, — pour nous, exclusivement pour nous. Ces pauvres philosophes qui ont vécu misérables, qui sont allés à la mort comme à une noce, ils n'ont pas connu le progrès, qui a marché par-dessus leurs têtes, vouées au bourreau, pour se reposer dans notre bienheureux giron. Qu'avaient-ils d'ailleurs besoin de se courroucer contre le vice, de rager contre l'erreur, de baver contre l'injustice, de tuer et de se faire tuer pour un principe ! N'eussent-ils pas mieux fait de se laisser vivre, de faire des vers, des romans, des histoires, des journaux et des mémoires, comme nous ? Ils étaient fous, fous à lier. Ils ont préféré aller en guerre, plutôt que d'aller aux festins ! Ils ont mieux aimé rédiger des réquisitoires, des bulles d'excommunication que des drames et des vaudevilles d'amour ! Ils ont adoré la vérité abstraite, plutôt qu'une Sand, qu'une Mars, qu'une Rachel ! Ils ont été possédés de la folie du martyre, folie dangereuse. Ils n'étaient pas aussi éclairés que nous.

Brûlons quelques grains d'encens en leur honneur, mais n'ayons garde de les imiter. Les temps sont mûrs.

Plus de ces misérables guerres pour des systèmes, pour des mots! Tout est beau, tout est bien. Des vérités absolues... l'une n'est pas plus vraie que l'autre; toutes peuvent être défendues, appliquées, soit dans l'art, soit dans la politique. Unité ou trinité, libre arbitre ou fatalité, grâce ou solidarité, foi ou raison, droit ou force, que Dieu pardonne ou ne pardonne pas, qu'il soit tout-puissant ou logique, qu'il suive ou qu'il suspende ses lois, — que nous importe? Si Dieu existe, qu'il danse sur quel pied il voudra! L'idéal, la justice, le droit, l'être ou le non-être, — querelles d'Allemand! Ce qui est certain, c'est que le progrès existe, puisque nous sommes professeurs, ministres, conseillers d'État, journalistes célèbres, ambassadeurs, puisque nous avons des femmes qui nous aiment et des maîtresses que nous aimons, puisque nos poètes sont auréolés, nos dramaturges nimbés, nos journalistes décorés, nos chanteurs et nos acteurs couronnés, puisque nous gagnons des centaines de mille francs par an. Foin de Voltaire qui a osé dire que tout n'était pas pour le mieux! C'était bon dans le siècle de Mlle Clairon, mais du temps de la divine Rachel!!

Et, maximant leurs pratiques, ces rhéteurs et ces cuistres ont créé un univers intellectuel, une république d'erreurs morbifères devenues banales, qui ont fait de l'Europe une société de paillards et de pillards, *qui la mettront avant peu dans la même situation de guerre, de misère et de mort, où sont tombées l'Afrique et l'Asie du Bas-Empire.*

Il fallait, pour la gloire de la vérité, qu'eux-mêmes vécussent pour prouver que le progrès, loin d'être l'œuvre du temps, est tout à fait dans la main de l'homme, qu'il surgit là où les humains, glorifiant la loi de Dieu, vivent et meurent les uns pour les autres, à force de labeurs, de vertus et de dévouements, et qu'il disparaît inévitablement partout où l'homme, méconnaissant cette loi divine, raille ses devoirs, ne vit que pour ses droits, sacrifiant tout, même la liberté, aux honneurs mondains, à la gloire monnayée, aux jouissances de la matière et à la peur du néant!

L'histoire et l'historien.

Naguère encore, pour mériter le titre d'historien, il n'eût point suffi d'arranger des faits avec plus ou moins d'art, de narrer avec plus ou moins de talent; il fallait remonter des effets aux causes, établir la connexion permanente entre les vérités spirituelles et les prospérités matérielles, entre les erreurs et les calamités. L'âme de l'histoire, c'est la loi éternelle, en vertu de laquelle les événements se déroulent logiquement, selon l'action juste ou inique des peuples et des individus. En énumérant les malheurs du passé sortis des erreurs de l'esprit, non seulement l'historien philosophe proclame un idéal de vérité, mais il apprend aux humains comment on peut éviter ces malheurs et quel est le chemin qui conduit au bonheur. L'*Essai sur les mœurs*, de Voltaire, est un vrai modèle du genre. L'historien n'est pas un simple conteur plus ou moins amusant, mais un instructeur, un initiateur. De plus, il a la mission de glorifier les grands hommes qui ont vécu et qui sont morts pour leurs concitoyens, leurs semblables, qui leur ont servi de phares, et qui seuls sont les créateurs du progrès. L'histoire étant le tribunal de Dieu, l'historien penseur y cherche et y trouve la loi éternelle, immuable, en vertu de laquelle toute cause enfante son effet. Jamais nulle part, dans l'histoire, cet effet n'a été détaché de sa cause, ni par le pardon, ni par le miracle. Partout, chez toutes les nations, cette loi est absolue.

Dès la Restauration, l'histoire ne fut plus qu'un narré d'événements fortuits, incidenté, mouvementé, dramatisé, afin d'émouvoir le lecteur sans parler à sa raison, sans lui donner ni leçon ni instruction. On dirait, à entendre nos historiens couronnés, que les géants de 89 et de 93 n'ont été si dramatiques que pour charmer les ennuis de leurs petits-fils. Leurs vies étaient des tragédies et des comédies vécues, afin de faire passer quelques heures de désennui à leurs gredins de neveux.

Dès lors surgirent un tas d'*histoires de la Révolution* plus ou moins copiées dans le *Moniteur* et dans les *Mémoires* du temps, autant d'élucubrations dans lesquelles les contemporains ont puisé la conscience que leurs pères étaient, les uns des enragés, les autres des chenapans, tous des comédiens plus ou moins doués, dont quelques-uns n'ont pas vécu assez longtemps pour être pensionnés. Pas un de ces historiens ne remonte à la cause, à la loi de Dieu, à la logique des idées et des faits; pas un n'y voit le tribunal de la justice éternelle (1); pas un d'eux enfin n'a vu que la Révolution était une *nouvelle religion*, une, indivisible; que rattacher la société d'après 89 aux vieilles croyances, c'est s'abriter sous des tentes plantées sur un sol détrempé, battues par la pluie, ballottées par les vents; que sans cette *religion nouvelle*, mère divine des libertés de 89, la Révolution avant peu serait lettre morte; que, toujours en vertu de la loi logique, la société retournerait forcément, d'étape en étape, jusqu'à la servitude ténébreuse du moyen âge.

Libre à la nation française d'être catholique, mais alors qu'elle ne parle jamais ni de liberté, ni d'égalité, ni de fraternité. Puisqu'elle proclame la toute-puissance de Dieu détachant par le pardon l'effet de sa cause, à quoi bon être vertueux quand on peut être pardonné? Pourquoi des efforts quand des prières suffisent? Qu'ai-je à suivre les lois quand il y a des miracles qui les suspendent? Nous sommes prédestinés, donc plus de

(1) Depuis, Michelet a fait un essai dans ce genre, mais bien timidement.

travail. Celui-là naît heureux, celui-ci malheureux! Rien à faire que de se claquemurer, prier et laisser passer au dehors toutes les iniquités. L'égalité, vain rêve! puisque l'un a la grâce et l'autre ne l'a pas. Fraternité, folie! pas même après la mort! Celui-là seul est mon frère qui, niant toute raison, croit ce que je crois; autrement, enfer! damnation! et dépouillement de biens terrestres par avancement d'hoirie!

Mil huit cent trente leur a prouvé l'incompatibilité de la vieille foi avec les nouvelles conquêtes. Ils n'y ont vu que du feu. A peine la catastrophe passée, que les voilà accourant, rajustant, rafistolant, rapiécetant le présent au passé : œuvre de gnomes et de mirmidons, cousant des stalactites avec des fils d'araignée.

Mil huit cent quarante-huit a fait craquer ce bousillage dans toutes les coutures. Le lendemain, les voilà de nouveau se trémoussant, haletant, ahanant, ramassant çà et là des bouts de fil, du vieux bougran, empruntant des boutons neufs, puis coupant, tailladant échancrant, établissant un habit à la Louis XIV, qui, à peine faufilé, leur est arraché de leurs mains de nains!

Thiers.

Dans son *Histoire de la Révolution*, M. Thiers a présenté au peuple une purée de faits politiques, espèce de roman historique écrit à la diable, par-dessus la jambe, et quelle jambe! Ce n'est pas à M. Thiers que la postérité reprochera, comme à Thucydide, d'avoir mis ses propres discours dans la bouche de ses héros. Nulle part l'historien n'est à la hauteur de ses personnages *historiés*. M. Thiers n'a pas de style. Il ne saurait en avoir. Le style n'est pas seulement l'homme, comme dit Buffon, mais Dieu, le principe, l'idéal dans l'homme. Voyez le style de Fénelon et de Bossuet, l'un répand autour de lui la clarté et la certitude qui rendent heureux, l'autre l'obscurité et le doute qui engendrent le malaise. Fénelon est l'homme de la raison lumineuse, Bossuet de la sombre foi. Le premier est net, clair, étincelant quoique melliflu; l'autre est emmêlé, tordu, tranchant. M. Thiers, n'ayant pas d'idéal, ne saurait avoir de style. M. Thiers n'a jamais su le premier mot de la Révolution dont il peinturlure l'histoire et qu'il bourre de contradictions qui n'y sont pas, absolument comme dans ses discours politiques de 1865 et de 1866 : révolutionnaire dans la rue Saint-George, réactionnaire place de la Concorde, demandant les libertés nécessaires pour les Parisiens, les refusant aux Italiens, se disant *papiste* et *libéral* (autant dire un nègre blanc, ou la mère Gribouille désirant aller à l'eau sans se mouiller). La logique est lettre close pour M. Thiers. Inconséquent, superficiel, sophiste, M. Thiers, à travers dix-huit volumes de son *Histoire du Consulat et de l'Empire*, cherche midi à quatorze heures, et, chose malencontreuse, il le trouve. Il croit le 18 brumaire *nécessaire*, puis il en blâme les conséquences *forcées*. Pendant dix-sept volumes, il est le panégyriste du consul et de l'empereur, passant l'éponge sur les fautes les plus criardes, pour ne pas dire plus, ignorant, oubliant la loi morale, en vertu de laquelle rien de durable ne se fait en dehors de la justice, rien de grand sans sacrifice et dévouement : le fort se dévouant aux faibles, le grand aux petits, le génie aux simples d'esprit, le jeune aux frères âgés, le valide aux invalides, l'homme à la femme, la mère à l'enfant, le pouvoir enfin à la liberté. Ce que le psalmiste a dit par ces paroles : « Ni par la puissance, ni par les armées, ni par les chevaux, ni par les phalanges, mais uniquement par la justice et la loi de Dieu ! » Au bout de ces dix-sept volumes l'historien arrive à la bataille de Waterloo, et s'y casse littéralement le nez. Comment se peut-il, se dit M. Thiers à part soi, qu'un génie aussi grand, aussi puissant, aussi colossal, perde son habileté, sa couronne et son pouvoir en un seul jour? Hugo aurait répondu *Anankè*. C'est la tarte à la crême de ce vieil enfant! M. Thiers, ne croyant même pas à la fatalité, ne sait plus à quel saint se vouer. Il fait entendre que si lui, M. Thiers, avait fondé l'Empire, gagné tant de batailles, le destin n'eût point trouvé son génie sans vert. Et allant toujours de l'avant, il explique, le grand homme, comme l'empereur eût dû s'y prendre pour gagner la bataille de Waterloo.

Autant s'étonner qu'un homme n'ayant, pendant des semaines, avalé que du feu et des liqueurs fortement alcoolisées, se trouve avoir les entrailles brûlées, et qu'à l'autopsie, chose miraculeuse, on n'y a pas trouvé des glaces panachées.

Toutes les recherches historiques de M. Thiers sont de cette force!

Comme si Leipzig et Waterloo n'étaient pas déjà dans les entrailles du 18 brumaire et de la destruction de la liberté nationale! Comme si le Concordat n'était pas un suicide moral! Si Napoléon avait vécu il y a trois mille ans et que l'histoire ne connût de lui que la campagne d'Italie et la guerre de Russie, il faudrait que l'historien logique et digne de ce nom, imaginât tout seul un 18 brumaire quelconque, un gouvernement absolu, une guerre d'Espagne, et jusqu'aux détails de certains actes politiques. Il faut rendre justice à l'Empereur. Lui-même, à Sainte-Hélène, a bien senti la *logique forcée* de sa destinée. Les conseils qu'il donne n'ont pas d'autre but que de faire éviter les mêmes fautes à ses successeurs.

Malheur au peuple qui a des historiens pareils, qui leur croit du talent, qui les admire! Perdant toute loi logique, toute raison, il trébuchera comme un ivrogne d'une action à l'autre, sans règle, sans suite, sans ligne de conduite, pour se noyer en plein jour dans un égout.

Dans toute la littérature française, il n'y a pas une usurpation pareille à celle de M. Thiers, si ce n'est la gloire de M. Guizot, encore plus néfaste!

Guizot.

Herder, dans sa *Philosophie de l'Histoire*, a essayé un précis du progrès civilisateur. Mais, loin de proclamer le progrès continu l'œuvre du temps, il a énuméré les efforts des humains, dans tous les pays, sous tous les climats, auxquels l'humanité doit sa civilisation. De plus, Herder fait jaillir le progrès des idées philosophiques, de l'idéal de justice plus ou moins approchant de la vérité et régnant en souverain chez les nations civilisées. Le livre de Herder est un dithyrambe du progrès, en ce sens qu'énumérant les phases de victoire, il omet à dessein les époques de défaites, défaites historiques, hélas! trop fréquentes; siècles de plomb qui pèsent sur la civilisation et qui ont failli l'écraser. Partout et chaque fois que les idées religieuses s'éloignent de la raison, le progrès civilisateur fait place à l'injustice, à l'iniquité, au droit du plus fort. Le christianisme, depuis le IVe jusqu'au XIVe siècle, est une longue nuit de barbarie matérielle et de servage intellectuel (1).

M. Guizot, dans son *Histoire de la Civilisation*, imbu des fausses idées de Leibnitz, bafouées avec tant d'esprit par *Candide* et reprises par Condorcet, loin de rattacher le progrès à une idée philosophique, le proclame forcé, continu, indépendant de la liberté et des efforts de l'homme. Il le trouve partout, même en plein moyen âge, jusque dans la dernière des communes.

Doctrinaire superficiel, sans aucune science philosophique, il copie les faits de progrès cités par Herder. Il lui emprunte la lanterne; il y a même la chandelle, mais elle n'est pas allumée. Le livre sur la Civilisation, auquel M. Guizot doit sa réputation de penseur, est l'œuvre la plus fausse, le livre le plus athée que j'aie

(1) La proclamation seule de la divinité de Jésus-Christ a coûté la vie à plus de trois millions d'Ariens!

lu. En effet, dès que le progrès est continu dans l'histoire, qu'il ne dépend plus du jugement, du libre arbitre, de la vertu de l'homme; dès que le progrès est l'œuvre forcée du temps, Dieu lui-même progresse dans et avec l'histoire de la créature. C'est un Dieu défectueux, se perfectionnant à travers des flots de sang et des débris humains. C'est absurde, mais c'est extrêmement commode pour une société de médiocrités et de couards. Ce principe une fois admis, l'homme n'a plus besoin ni de vertu, ni de moralité, ni de travail même. Loin d'aguerrir son jugement, d'étudier la science du bien et du mal, de veiller sur ses passions, afin de les employer au bien, il n'a qu'à galoper à cheval sur le progrès à travers des faits accomplis, sauf à retenir le coursier d'une main virile, afin que dans sa course rapide il ne désarçonne pas son cavalier ; ce à quoi les doctrinaires ont travaillé jour et nuit. Ce fut là leur préoccupation capitale : enrayer le progrès, qui marche toujours, par un sabot de bois qui, cassé, s'improvise partout avec facilité. Jamais ils n'ont admis que la roue du progrès, faisant volte-face, pût retourner en arrière et les écraser sous ses jantes de fer. C'est ce qui est pourtant arrivé. Ignorant que le progrès est l'œuvre exclusive de la vertu humaine, qu'il ne s'établit que là où l'homme, entrevoyant la vérité, règle ses actions sur elle, qu'il disparait inévitablement partout où l'homme, indifférent à la loi divine et humaine, s'abandonne à son intérêt, à ses plaisirs, à ses caprices, ils ont cru que le passé avait *progressivement* engendré le présent et que l'avenir ne pourrait plus jamais ressembler au passé. Autant nier que l'humanité n'ait pas eu à plusieurs reprises de grandes éclaircies de vérité et de bonheur, suivies de ténèbres les plus épaisses, planant sur des mondes de sépulcres et de ruines. Autant admettre que tout dans l'histoire fût nécessaire, que rien n'eût pu être mieux, si les hommes eussent été plus raisonnables, que l'inquisition et la Saint-Barthélemy furent des éléments forcés de progrès. Il fallait que l'histoire de nos jours, abattant ces soi-disant grandeurs comme des têtes de choux, leur donnât démenti sur démenti, afin de confondre leurs erreurs sous la risée des hommes de vertu et de raison. Ces démentis ne les ont pas corrigés. Les orages ne corrigent pas les roseaux ; mais les chèvres comme moi les broutent !

M. Guizot n'a pas plus de style que M. Thiers, quoiqu'il soit plus lourd de pensée. Sa phrase, processionnellement chevrotante, arrive transie. Cet homme dont l'histoire ne retracera que les erreurs et les chutes, s'adore comme un saint sacrement et se figure être la pierre angulaire de l'édifice social. Il a toujours peur d'être sacrifié, comme si son existence gênait quelqu'un. Ses écrits sont gelés. Impossible d'en relire une page. C'est un grelottement continuel. Quand on pense que MM. Thiers et Guizot ont tenu le haut du pavé politique, littéraire et même philosophique, dans un pays qui a eu des Montaigne, des Pascal, des Fénelon, des Saint-Simon, des Montesquieu, des Voltaire, etc., etc. ! A quoi donc sert le génie, sinon à élever les nations jusqu'à lui ? Et faut-il, en l'absence d'un Moïse, adorer toujours des veaux, fussent-ils dorés ? Cette adoration seule suffit pour étouffer toute vérité, toute justice, toute vertu. Qu'on lise donc les articles de la presse française sur ces deux hommes *depuis trente ans*.

Jamais dans aucun pays pareils éloges et tant de fois répétés ne furent décernés aux mortels les plus sublimes, les plus virils, les plus vertueux, eussent-ils vécu dans les martyres, fussent-ils morts en héros pour leur patrie, eussent-ils de leur génie touché aux astres du ciel !

Cousin.

C'est le troisième de ces Horaces, véritable commis voyageur en philosophie, important de l'étranger toutes sortes d'erreurs éclectiques, très bien connues des Français du XVIIIe siècle, qui les ont bel et bien condamnées et rejetées. Il y a quelque part une loi en vertu de laquelle deux nombres additionnés font un autre nombre déterminé. Contre ce chiffre, il est des millions de combinaisons, toutes plus fausses les unes que les autres. Il en est absolument de même de la vérité philosophique. Il en existe une seule, unique et absolue. Toutes les autres hypothèses, fussent-elles prises sur la moyenne d'un million de systèmes, sont fausses et conduisent à l'absurde, à la déraison. M. Cousin devait y arriver, non sans s'être attardé en route à regarder les petits minois qui passent, les académiciens qui arrivent et les gouvernements qui s'en vont. Pour tout ce qui est léger, futile même, M. Cousin a du style ; il n'est lourd et ennuyeux que lorsqu'il touche à une question sérieuse. C'est un aimable causeur, un excellent compagnon. Il décrit avec une mélodieuse nonchalance le nez d'une duchesse, il sonde avec esprit la calligraphie d'un ministre, voire le tour de phrase d'un penseur.

Si la société était une table d'hôte, un wagon de chemin de fer ou bien une *Revue* de refuge pour des infirmes de génie, M. Cousin y occuperait, par droit de naissance, le premier rang. Mais là où il s'agit de former des citoyens libres, indépendants et vertueux, M. Cousin ne serait admis que comme joueur de flûte, soit au banquet des sages, soit pour modérer la fougue d'un orateur de génie (1).

Hugo penseur.

J'ai été le premier à soumettre Hugo au jugement de la raison, mais je n'ai pas osé tout dire, surtout à l'égard du philosophe et de l'homme d'Etat. Il est dangereux en pleine mer de désabuser tout un équipage sous le charme d'un mirage trompeur.

(1) Et il n'était pas mort avec les sacrements de l'Église quand ce jugement a paru.

Quand on a étudié la pensée tout entière de Hugo et qu'on la soumet sincèrement à la critique de la raison pure, on trouve tout d'abord que ce faux titan assemble, amoncelle des montagnes de nuages et de tonnerres pour finir toujours par un rat. A voir ces entassements, ces enchevêtrements, ces entre-croisements, ces enjambements, ces escarpements, ces ahanements, ces épouvantements et ces couronnements, on dirait que de chaque trait de plume il va élever une tour qui touchera au ciel. Tout à coup, par un temps de zéphyr et de brise, sans éclair et sans tonnerre, l'édifice fond, disparaît, s'enlise pour ainsi dire dans le néant ! Il ne reste que quelques débris d'une ou de deux erreurs banales.

Un exemple sur cent ! Faut-il qu'un Madeleine remue ciel et terre, décroche des étoiles, prenne la lune avec les dents, change les lois de la nature, plonge du haut du ciel dans l'abîme de l'Océan, devienne de brigand chimérique un saint impossible, le tout pour qu'un sot s'appelant Marius épouse une mijaurée ayant nom Cosette ? Qu'est-ce que cela nous fait ? Qu'importe à l'humanité qu'un Marius sorte de l'égout collecteur ou qu'il roule vers Asnières ? Cinq mille Marius épouseront ou n'épouseront pas cinq mille Cosettes, la cité, la patrie, la société, l'humanité n'en seront pas plus riches d'une vérité, ni d'une félicité, ni d'une liberté (1).

L'art, c'est la logique.

L'histoire vraie ou imaginée n'a qu'un but : prouver par le fait romantique, dramatique, lyrique ou historique, la vraie loi de Dieu et de l'homme : loi de Dieu qui s'appelle *Logique*, loi de l'homme qui s'appelle *Liberté*.

(1) J'ai mieux jugé Hugo avec preuves à l'appui dans mon *Introduction à mes Mémoires*.

Grâce à cette logique, immuable, inexorable, en vertu de laquelle toute cause produit son effet, la liberté rend l'homme maître de son sort et sert à son bonheur ou à son malheur. S'il opte pour le bien, il crée du bien; si pour le mal, il le déverse sur lui et sur autrui. Le premier devoir de cette liberté est de ne pas permettre que le mal se commette envers qui que ce soit.

Ce n'est point de la morale, c'est la vérité vivante, palpitante, frémissante. Il n'est pas de roman, ni d'épopée, ni de tragédie, ni de drame, ni de comédie! Il n'est que des histoires vraies ou qui pourraient l'être, prouvant la logique forcée des événements dont l'homme, par sa liberté, est le maître absolu.

Tout fait supposé ou réel, qui ne jaillit pas logiquement comme l'effet de sa cause, est faux, laid, ennuyeux. Dans la vie du dernier des individus aussi bien que dans celle des nations, tout est logique. Quiconque mange du verjus aura les dents agacées. Toute œuvre qui n'est pas une preuve vécue de cette éternelle vérité est mort-née: la logique est à l'art ce qu'est la statique à l'architecture.

Voyez ce Gilliat entassant des travaux d'Hercule et aboutissant à un suicide pour une minaudière de Déruchette, qui s'en va béatement avec un apprenti Tartufe. Ou Gilliat n'est pas un homme si fort de vouloir et de pouvoir, ou, s'il l'est, il ne se tue certes pas pour une donzelle. Aussi le poète ne se tire-t-il de ses contradictions rédhibitoires qu'en avançant son fameux *Anankè;* erreur la plus impie, la plus empoisonnée; erreur qui conduit non fatalement, mais logiquement, à l'abrutissement et à l'esclavage.

Folie et mélodie. — Raison et harmonie.

Comme Guizot, Hugo maxime ses pratiques. Dénué de toute philosophie, il n'a pu créer que des êtres illogiques, poétiquement fous, changeant de caractère à chaque acte, à chaque chapitre. Le fou ne manque ni de génie ni d'esprit, il manque de logique harmonieuse. Ce qui distingue la mélodie de l'harmonie, c'est que l'une se succède et que l'autre *juxtapose*. La mélodie est composée de sons qui se suivent l'un l'autre, l'harmonie les pose les uns à côté des autres. De là vient que des hommes riches d'idées, mais ne sachant pas les harmoniser, n'arrivent à rien et ne produisent pas une œuvre, tandis que d'autres, n'ayant qu'une idée ou deux, mais les harmonisant, arrivent à de grands résultats. Le fou peut avoir la mélodie, mais il est toujours dépourvu d'harmonie. Il peut avoir beaucoup d'idées, un langage original, mais il ne sait jamais lier ces idées par la raison, qui seule compare, juge et juxtapose harmonieusement.

Tous les personnages de Hugo sont fous. En ce sens, ils peuvent avoir existé et exister encore. Le malheur du poète, c'est qu'il élève ces folies à des maximes. Comme ses créatures n'arrivent à rien de haut, de bien, de beau et de vrai, malgré le génie du créateur, il a recours à la *fatalité*, c'est-à-dire à un dieu arbitraire, capricieux, qui, contrairement à la loi de justice, fait que l'un, qui est fort, se suicide de désespoir, et que l'autre, qui est un crétin, monte au faîte des grandeurs officielles. Et comme c'est nouveau ! Il y a six mille ans que cette erreur a été inventée à l'usage des vicieux, des ambitieux et... des vieux.

Lamartine homme d'État.

Comme poète, j'ai jugé Lamartine dans *le Syllabus ; Jocelyn* est une erreur philosophique. Le christianisme ne se laisse pas scinder en dogmatisme et évangélisme. Il est *un*. L'Évangile contient tous les dogmes, il contient même l'inquisition. Jésus, dans sa parabole du marc d'argent, dit en toutes lettres : « Qu'on amène et que l'on tue quiconque ne croit pas en son règne. » Saint Louis, fort de ce texte, a établi le premier inquisiteur, le cordelier Robert. Croire en Jésus, c'est croire à ses miracles, comme il le dit plus de vingt fois. Le christianisme est un système entier, absolu. Il a été pratiqué pendant douze siècles.

Ce système exclut toute liberté, toute égalité, tout progrès basé sur l'effort de l'homme. Les écrivains français du XVIIe et du XVIIIe siècle n'ont jamais donné dans ces erreurs, fruits de l'ignorance. Ils avaient étudié l'Évangile. Ou ils sont chrétiens comme Bossuet, ou ils sont apôtres de la logique comme Montesquieu, Voltaire et Rousseau. Toute vérité est absolue comme un théorème mathématique.

Comme écrivain historique et politique, Lamartine est l'extrême opposé de Thiers (1). Thiers n'admet aucun principe comme vrai, Lamartine les admet tous. Royaliste avec le roi, girondiste avec les Girondins, montagnard avec la Montagne, Lamartine comprend tous ces principes et coquette avec eux alternativement. Tous deux ne croient réellement qu'au talent, qu'au génie, qu'à la puissance de la parole ; puissance tout à fait illusoire si elle ne représente pas la vérité, la ferme résolution de mourir et surtout de vivre pour elle. Après avoir lu *les Girondins* de Lamartine, je me suis demandé quel est son avis sur la *Révolution ?* Involontairement j'ai pensé à ce maître d'école qui, pour convaincre un enfant de la rondeur du globe, lui montra

(1) Depuis j'ai rendu justice à Lamartine comme poète et penseur, d'abord dans un petit poème : *Lamartine et Hugo*, puis dans mon *Introduction à mes Mémoires*. Si je laisse ces quelques lignes de critique, c'est pour ne point faire de changements dans ce pamphlet, que les lignes laissées parlent pour ou contre moi. Je ne prétends pas être infaillible. J'aurais voulu, en 1863, être mauvais prophète. Hélas ! je n'ai été que trop voyant. Les malheurs nationaux que j'ai signalés dans l'œuf spirituel, le temps les a couvés et on a fait sortir les poussins matériels et infernaux en 1870 !

sa tabatière comme modèle. Or, le hasard a voulu que le maître changeât le dimanche de boîte à tabac. Quand l'examinateur demanda à l'enfant : « Quelle est la forme de la terre ? » celui-ci gravement répondit : « Elle est ronde toute la semaine, mais le dimanche elle est carrée ! »

Un jour, Mme de Girardin la première me dit : « Lamartine embrasse tous les systèmes, comme le blanc est une absorption de toutes les couleurs. — Soit, lui répondis-je : mais s'il les absorbe toujours, il ne s'arrête jamais. Il ne créera rien de durable !

Le carnaval des idées.

Les erreurs sont prolifiques. Au bout de dix ans, tous les esprits en France étaient affolés, toutes les forces dévoyées. La jeunesse intellectuelle tournoyait dans un tourbillon d'une violence vertigineuse. En la voyant se trémoussant, se déhanchant, se dégingandant, on l'eût dite prise d'une espèce de danse de Saint-Guy morale, qui naturellement a fini par une prostration épileptique.

Nous ne sommes qu'au début. Chaque jour amène une nouvelle folie. A la fin, c'est un véritable carnaval, veille d'un mercredi des Cendres. Suivons ce mouvement et n'oublions pas les musiciens ! Voici les idées dominantes répétées tous les jours par les mille trompettes de la presse, du théâtre et de la tribune.

Le progrès civilisateur est indépendant de l'œuvre de l'homme ; il est continu, il est forcé, il marche toujours quelque part. L'homme est libre d'opter entre le bien et le mal ; mais, outre qu'il n'est pas de critérium certain pour discerner le bien du mal, l'option individuelle n'a point d'influence sur le progrès universel, qui avance toujours quelque part, dût-il marcher à travers une humanité vicieuse, débauchée et servile.

Il n'existe pas de principe certain sur Dieu et l'homme. Toutes les religions sont bonnes. La liberté politique et civile n'a rien de commun avec la vérité religieuse et philosophique. On peut être catholique, croire aux miracles, à la révélation personnelle, à la chute, au travail comme châtiment, et être *libéral*. De là le néo-catholicisme. (Autant dire : On peut, à minuit, faire mûrir du fruit au soleil.) Sans doute il vaudrait mieux, pour l'effet de l'art, que l'homme fût vertueux : mais cela n'a aucune influence sur la vie sociale, ni sur la forme du gouvernement, ni sur la prospérité ; cela n'influe surtout en rien sur le progrès. Il se peut que Dieu ou quelque chose d'approchant existe ; mais s'il n'existait par hasard pas, on s'en passerait.

La gloire n'est nullement dans le sacrifice de l'individu à la société. La société est un composé d'individualités; il faut, avant tout, que tout un chacun jouisse de tous ses droits pour pouvoir en user et en abuser. La révolution, c'est l'émancipation du génie, du talent, de l'aptitude, toutes choses de naissance. On n'est pas grand pour se pencher vers les petits, mais en se hissant sur leur dos. La gloire est au fort, que sa force soit au service de la justice ou non. La gloire est fatale. Elle n'est pas à la liberté du bien, à la libre option, au fort se dévouant aux faibles, à tous enfin, car le dernier des mortels peut, par sa volonté, se distinguer librement par un dévouement ou par un sacrifice; elle est à la naissance, au génie, au talent, à la beauté, à l'habileté, au succès!

Elle est au poète, non pas au penseur cherchant, enseignant la vérité, donnant l'exemple par sa vie, mais au rimeur, au chanteur, au charmeur par la forme, au flatteur des passions, traînant son char comme autant d'esclaves avinés. La gloire n'est pas à l'écrivain prêchant au peuple ses devoirs, d'où seuls jaillissent ses droits, mais au journaliste déclamateur, réclamier, sachant se créer cinquante mille abonnés, autant de dupes, gagnant de quoi avoir voiture, palais, maîtresses et s'imposant au pouvoir par une association de congénères, altérés d'or, de jouissances, et espérant les cueillir sur les rameaux coupés du budget.

La gloire n'est pas à la vertu de la femme, mais à sa beauté, privilège de naissance et non de liberté; elle n'est pas à l'épouse, mais à la maîtresse; elle n'est pas à la mère, mais à la concubine.

Et puisque le salut de la société ne dépend plus du bien et du mal fait par l'individu, puisque le progrès est en permanence, la société doit se dessaisir du droit de punir. A quoi d'ailleurs sert le châtiment, la peine? Le crime une fois commis, le criminel, comme un malade, doit être sacré. Il faut le guérir. La société a-t-elle le droit de punir de mort un assassin? Vous ou moi, si nous tuons, on nous prive de la liberté. Mais une fois qu'on a lâchement prémédité un crime, fût-ce pour voler cinq sous, et la peine de mort abolie, on est au-dessus de la loi. On peut tuer son gardien, son compagnon de chaîne, s'évader, faire main base sur 500 citoyens; n'importe, la vie d'un tel homme doit être sacrée. Quant à l'assassiné, il ne fallait pas qu'il y aille. D'ailleurs, une nouvelle idée s'est révélée: l'association. C'est une panacée contre tous les maux. Trente millions de gredins associés, sans foi ni loi, se garantiront tout. Quelqu'un a volé. Pourquoi le punir? A-t-on le droit de priver un homme de sa liberté? Ne vaudrait-il pas mieux que l'association garantît, restituât au volé son argent, afin que ce pauvre voleur puisse paisiblement vaquer à sa vocation naturelle?

La chair doit être émancipée. Plus de délit à propos d'amour. Nous entrons au pays promis du progrès. Affranchissons la femme de ses affreux devoirs de continence. Parbleu! La beauté, comme le soleil, doit luire pour tout le monde. Délivrons l'homme de ses chaînes forgées par des sots de philosophes! Sait-on, au fond, ce qui est juste et ce qui ne l'est pas? Il n'y a rien d'absolu. Y a-t-il quelque part une loi modèle, un principe patron, sur lesquels l'homme puisse tailler ses actions! Pascal n'a-t-il pas dit: « Ce qui est vérité au delà est mensonge en deçà des Pyrénées »? Erreur réfutée irréfragablement par Voltaire, le plus grand philosophe français après Fénelon. Soyons hommes de progrès: diminuons, abolissons les peines, et les crimes disparaîtront tout seuls. Autant dire: Semons du blé, n'arrachons pas l'ivraie; au lieu d'envahir le froment elle disparaîtra toute seule! D'ailleurs le progrès actuel, le progrès à grande vitesse, n'est-il pas merveilleux? Voyez les chemins de fer, le gaz, le télégraphe électrique, les allumettes chimiques, etc.

Ce sont, en effet, d'immenses éléments de progrès. Ils sont dus à *la science affranchie de l'erreur religieuse, par les efforts de nos pères, qui ont sacrifié vie et fortune à cet affranchissement*; mais il ne faut pas se faire illusion. Ce sont là des progrès matériels dûs à des vérités spirituelles. Si jamais ces vérités devaient disparaître, et elles sont déjà couvertes de nuages, les avantages matériels seraient illusoires.

Qu'un citoyen tartufié de Strasbourg puisse voir une dévote fanatique à Marseille en douze heures au lieu de douze jours, qu'un cocot de Paris puisse courir après une cocote de Lyon un peu plus vite, que Paris apprenne en une demi-heure que Gladiateur est vainqueur à Londres, ou bien encore que le Parisien lise les feuilletons de *Rocambole* et autres sans avoir besoin de moucher la chandelle, est-ce là l'âme du progrès? Le progrès de la matière est un moyen de bien ou de mal. Tout dépend de la liberté, de l'usage que la raison en fait. Que l'esprit se corrompe, le corps, si puissant qu'il soit, penche, s'affaisse et tombe.

L'amour.

La première pierre, pierre angulaire qui s'est détachée de l'édifice, c'est la vertu de la femme ; vertu non seulement nécessaire, mais indispensable à la liberté sociale.

Vouloir prêcher contre les passions humaines, c'est ressembler à ce paysan autrichien qui, arrêtant de son large pied le filet bondissant formant la source du Danube, s'écria : « Vont-ils être étonnés, à Vienne, quand ils ne verront pas arriver le Danube ! » La passion, c'est la locomotive bouillante de l'homme. Il lui faut des rails et un frein, mais il faut qu'elle marche. Faute d'avancer elle recule ou elle éclate. La passion, c'est encore le torrent se précipitant en cascades du haut du glacier, traversant plaines et vallées, formant fleuve et contribuant à la beauté, à la prospérité de la nature. Ce fleuve, pour qu'il soit bienfaisant, a besoin de digues, non pour l'arrêter, mais pour régler sa course. Sans ces digues, tantôt il s'ensablerait, tantôt il déborderait.

La passion la plus ardente, à la fois humaine et divine, c'est l'amour. L'amour, c'est la condamnation en chair et en os de l'égoïsme. Nul n'aime seul et pour soi. Aimer, c'est vivre et se sentir, comme le Créateur, dans un autre être que soi ; c'est l'avant-goût terrestre de la céleste béatitude. Un être humain qui aime, malgré la fumée ondoyante du feu de la passion, se transfigure, s'angélise, se divisine. A vrai dire, la loi divine la plus visible dans la nature, c'est la force attractive, et toute attraction est amour.

Pourtant la passion, dès ses premiers jaillissements, a eu ses lois.

Toute force qui se manifeste porte avec elle ses lois conservatrices.

En général, toute force se dépensant pour autrui est une passion noble. Celle, au contraire, surgissant comme une langue de feu pour dévorer la jouissance, est ignoble.

C'est que rien, nulle part, n'existe pour soi. La locomotive, le fleuve, que nous avons cités, ils n'existent pas pour eux.

Le soleil, la lune, l'étoile, nulle planète n'existe pour soi. L'homme aurait-il seul la présomption de n'avoir de force que pour soi-même? Tout en lui crie le contraire. Tout, dans la vie humaine,est plus ou moins sacrifice. La vie, c'est une lumière qui se consume en éclairant. Aimer, c'est donner du bonheur.

Il n'est de vrai bonheur que celui que l'on donne.

Aussi ce ravissement ne s'achète-t-il à aucun prix par l'*Avoir*, mais par l'*Être*. Il descend directement de Dieu. De là vient que nul n'a de droits sans accomplir ses devoirs. Le droit de jouir est identique avec le devoir accompli, avec le bonheur donné. A quoi sert à l'enfant le droit de téter, si la mère lui refuse le bonheur de lui donner son sein? Où le faible puisera-t-il son droit, si le fort n'accomplit pas son devoir envers lui?

« C'est des entrailles du ciel, a dit Schiller, que l'homme arrache ses jouissances. » Mot admirable!

L'homme et la femme.

D'où vient que tous les peuples, dans n'importe quel temps, sous n'impore quel climat, ont été indulgents pour les amours de l'homme, même dans une certaine mesure pour les dérèglements de ces amours, tandis qu'ils ont tous flétri les amours illégitimes de la femme? Ils étaient barbares, égoïstes, ils n'ont pas consulté la femme. Oh! que non! Les hommes ne furent jamais ni si méchants ni si bons qu'on le dit. Ils ont vécu dans l'erreur. D'accord. Ils ont sacrifié la vérité à leurs intérêts. Soit! Ils ont laissé ignorer à la femme ses devoirs, pour la priver de ses droits. Possible. Mais partout, de tout temps, dans l'univers entier, la courtisane est flétrie, mise hors la loi, et nulle part, dans aucun temps, la chasteté de l'homme n'est comptée pour une vertu sociale.

C'est que l'amour de l'homme est la manifestation d'une force bienfaisante, nécessaire, indispensable.

L'amour, comme force, ne commence pour la femme *qu'autant qu'il est voué à l'enfant*. Tout acte d'amour est un sacrifice offert par l'homme sur l'autel de la passion. Le sacrifice de la femme ne commence qu'avec la maternité. Peu importe à Dieu et à la nature de connaître le nom d'un père, pourvu qu'il s'appelle amour. Mais, comme la paternité, — c'est une femme supérieure, Mlle Maria Deraisme, qui a dit cela, — « comme la paternité n'est *qu'un acte de foi*, » LA FIDÉLITÉ DE LA MÈRE EST D'UNE RIGUEUR ABSOLUE. Sans fidélité, plus d'enfant, plus de famille, plus de société. Quelque grandes que soient les forces de la mère, sans la foi du père croyant à sa paternité, il lui sera impossible d'élever des enfants dignes de vivre, fiers de supporter les devoirs de fils, de fille, de frère, de sœur, d'homme et de citoyen.

Sans ce sacrifice social il n'y aurait bientôt plus d'enfants. On n'a jamais vu de mère tuant son enfant quand le père le reconnait. Le divorce, consenti mutuellement et seulement pour certains cas constatés, loin de détruire la fidélité, la maintient, et devient partout un élément de fécondité et de bonnes mœurs. Témoin l'Angleterre et l'Allemagne.

Il est une raison plus palpitante encore de justesse contre la femme infidèle, sous n'importe quel nom on la désigne.

La courtisane.

La femme seule peut mentir en amour. Elle seule peut se prostituer. Elle est illimitée comme l'enfer, dit l'Écriture. Pour que l'homme sacrifie, il faut qu'il brûle. La femme, au contraire, comme l'idole, a un corps pour ne rien sentir et une bouche pour mentir. *Laisser à la femme les droits d'amour sans les devoirs de mère, lui permettre de se stériliser, c'est proclamer l'anarchie sociale, c'est plonger la cité, qu'elle s'appelle Athènes, Rome, Byzance ou Paris, dans une lâche servitude; c'est émasculer tous les hommes au bout de cinquante ans. Une seule courtisane de dix-huit à trente ans énervera, au moral comme au physique, deux cents hommes, et, comme le dit Salomon: Après avoir mangé, elle essuiera sa bouche et dira: « Il n'y a rien. »* (*Lo Poalti oven*). Qu'on lise Aristophane. Quatre de ses pièces sont dirigées contre les femmes libres. Il attaque, à juste titre, Aspasie. Il ne doit pas, il ne peut pas y avoir dans une société démocratique, une courtisane, ne remplissant pas ses devoirs d'épouse, de mère, de fille, sous peine d'anéantir en peu de temps père, époux, fils et citoyen. La volonté de l'homme est dans sa force organo-chimique, qui lui vient du Créateur. Tout en vient. La virilité physique détruite avant l'âge anéantit toute force morale. Vertu vient de *vir*. Aristophane, qui n'a pas compris Socrate, a saisi l'intime connexion entre la vertu de la femme et la liberté de la société. Il a encore vécu quand les trente tyrans se sont abattus sur sa patrie, et depuis cette époque onque liberté n'a plus revu ni les rives de l'Eurotas, ni le port de Pirée.

Tacite, lui aussi, attribue tous les malheurs sociaux de Rome à l'existence *tolérée* de la femme impudique. *Neque mulier amissa pudicitia alia abnuerit.* Qu'on lise Sallustre et ce qu'il dit de l'influence des Sempronia de son temps, qui s'appellent aujourd'hui *légion*, et qui naguère portaient les noms célèbres dans l'art théâtral. Sempronia non seulement récitait admirablement des vers, mais elle savait en faire de très doux et de très amoureux. Sempronia, une fois admise dans la société, sans qu'elle soit marquée, flétrie, stigmatisée, cinquante Cicérons, cent Catons ne sauveront plus la liberté contre les Clodius, les Catilinas et les Tibères. Ils ont beau même donner l'exemple de la vertu, *au bout de vingt ans ils ne trouveront plus un seul jeune homme viril capable de les comprendre.*

La courtisane, a dit Ézéchiel, est comme la sauterelle: elle dévore tout jusqu'à la racine, elle tarit jusqu'à la source. Un homme qui se prostitue meurt en peu de temps, une seule catin voit tout mourir à ses pieds. C'est l'égoïsme érigé en divinité. C'est le règne de l'enfer. Même influence de la courtisane à Byzance lors de la décadence, lors du règne de l'actrice Théodora. Tous les peuples qui ont péri ont péri par la tolérance qu'ils ont lâchement octroyée à la femme, jouissant de tous ses droits sans accomplir préalablement ses devoirs. Par cette tolérance, ils ont compté cueillir quelques jouissances faciles; ils ont espéré qu'à côté de l'ivraie envahissante le bon grain poussera, germera, fleurira, mûrira; ils ont cru que la vaillance d'un homme tenait lieu de la faiblesse d'une femme. Tôt ou tard, ils ont vu qu'une femme malhonnête, véritable gueule de dragon, dévore tout autour d'elle, toujours prête à recommencer; qu'une femme, stérilisée par l'amour bestial, — je demande pardon aux bêtes, elles ne vendent pas leurs amours, — qui prend tout et ne rend jamais rien, n'est en réalité QU'UNE FEMME DOUZE ET QUINZE FOIS INFANTICIDE. Là, et là seulement, est la cause de la dépopulation de la France. Ils ont reconnu que, loin de lui accorder des droits, de l'entourer de luxe, de renommée et d'égards, il eût fallu, pour ne pas périr, l'écraser comme un reptile au regard fascinant, qui vous mord le talon, fussiez-vous Achille en personne, et qui vous renverse pour faire gorger ses vils complices de votre graisse, de votre sang. Alors, ils ont fait des lois en vertu desquelles nulle femme ne jouissait de ses droits avant d'accomplir ses devoirs envers l'époux, envers l'enfant, la famille, la cité et la patrie.

Et dans ce devoir la femme a trouvé sa raison d'être, sa grandeur et son bonheur, comme le fleuve endigué, comme la locomotive refrénée, comme le champ sarclé.

Les mœurs sont plus fortes que les lois.

A tout cela les jeunes et les vieux masques, ivres d'amours vénales et d'erreurs banales, vous répondent depuis trente ans : « *Les mœurs sont plus fortes que les lois.* » Les gazetiers élevés dans l'école cocotière répètent à l'envi cette billevesée libidineuse, digne de la populace de Sodome. Où donc, dans le monde entier, furent les mœurs avant les lois ? Est-ce à Sparte avant Lycurgue ? à Athènes avant Solon ? à Rome avant Numa ? Est-ce chez les Juifs avant Moïse ? Pauvre Moïse ! Comment ! Tu fais des lois contre les mariages consanguins ! Où est le mal que le frère épouse sa sœur, le père sa fille, le neveu sa tante ? Ce serait, dira-t-on, l'anéantissement de la famille, la corruption en permanence, la fin de toute société, l'étiolement de l'espèce humaine, un nouveau déluge. — Bah ! *Les mœurs sont plus fortes que les lois !* Moïse a encore dit à son peuple : « Il n'y aura pas de prostituée parmi les filles d'Israël. » Il a institué le divorce, mais il a frappé de mort tout amour antisexuel. C'était un barbare ! Les Amalékites, les Philistins, pratiquaient tous ces vices. Leurs journalistes, raillant les prêcheurs de vertu (il y en avait, témoin Biléam), répétaient, comme les nôtres : *Les mœurs sont plus fortes que les lois*. Un jour, une poignée d'Israélites, punissant de mort ces vices, se sont présentés devant ces peuples, sept fois plus nombreux qu'eux, et les ont fauchés comme des roseaux, y compris les femmes, de crainte, dit l'Écriture, qu'ils n'apprissent d'elles les abominations pour lesquelles le pays les a vomies. La Bible dit bien que

« Dieu était avec les vainqueurs ». Il était avec eux, en ce sens qu'obéissant à la loi de la continence et de la vertu, ils avaient la santé, la vigueur, la vaillance et la volonté de mourir plutôt que de ne pas vaincre. Plus tard, ces mêmes vainqueurs, pratiquant les vices des vaincus, furent frappés à leur tour et réduits en esclavage. Quiconque ne sait pas commander à ses passions, sera tôt ou tard l'esclave des passions d'autrui.

La vertu.

Nulle paix, nulle prospérité, nulle liberté n'est possible sans la vertu de la femme, *maintenue par des lois.* Aussi longtemps que les Athéniens obéirent aux lois de Solon, ils furent libres. Vingt mille Athéniens vertueux ont battu un million de Perses pourris de vices. Dès que les lois sont méprisées, avec Aspasie, avec Alcibiade, Athènes devient la proie de la servitude. Ce ne sont pas les discours qui sauvent un peuple, l'orateur s'appelât-il Démosthène, mais les hommes forts, les grands législateurs, sachant faire des lois et les faire respecter par leur exemple, par leur vertu. Sans cet exemple du pouvoir même, il n'y a pas de force qui puisse sanctionner et faire exécuter une loi. Quand les lois sont respectées à Rome par les patriciens, la pudeur de Lucrèce et de Virginie renverse des tyrans. Dès que les lois n'atteignent plus les Sempronia, il ne reste plus à la fille vertueuse de Caton que de s'envelopper dans le linceul de la liberté. *Quand la vertu tombe, rien ne reste debout!* Voici ce que dit Montesquieu de la vertu :

« Lorsque cette vertu cesse, les désirs changent d'objets; ce qu on aimait, on ne l'aime plus. On était libre avec les lois, on veut être libre contre elles. Chaque citoyen est comme un esclave échappé de la maison de son maître. »

« Ce qui était *maxime* on l'appelle *rigueur*, ce qui était *règle* on l'appelle *gêne*, ce qui était *attention* on l'appelle *crainte*. La *frugalité* devient l'*avarice*, et non pas le désir d'avoir. La République est une dépouille, et sa force n'est plus que le pouvoir de quelques-uns et la licence de tous. »

Ah ! *les mœurs sont plus fortes que les lois !* Essayez donc d'abolir la loi d'attentat à la pudeur, et pas un honnête homme ne pourrait plus aller ni au spectacle, ni au café ! Essayez donc d'abolir la peine frappant le détournement de mineure, et pas une jeune fille ne serait plus en sûreté, pas même dans la maison paternelle. Abolissez la loi contre l'inceste, et vous en verrez par douzaines. Mettez-y la peine de mort comme Moïse, à l'instant ce crime diminuera de deux tiers. Donnez la liberté de circulation aux prostituées de bas étage, et pas une honnête femme ne pourrait plus se promener dans les rues de Paris. Il est vrai qu'on accorde cette liberté aux prostituées du théâtre et du premier étage. Aussi n'est-il plus guère de jolie femme qui ne paraisse plus ou moins une cocotte : toujours grâce à cette niaiserie panachée de boue et de sang : « *Les mœurs sont plus fortes que les lois.* »

Si la femme, par l'instruction et l'exemple, n'a pas la conscience que sa vertu est indispensable, non seulement pour elle, mais pour ses enfants, sa patrie et l'humanité, jamais elle ne sera vertueuse. Qu'elle croie seulement que le péché d'adultère ou de concupiscence puisse être pardonné, c'est-à-dire annihilé pour elle et ses semblables, rien ne l'empêchera de s'abandonner à sa nature *illimitée*, pour satisfaire ses passions et ses vanités. Vous avez beau lui prouver que le vice ruinera sa beauté et sa santé, du moment qu'elle ne doit vivre que pour elle, qu'elle ne croit à aucun idéal de solidarité, elle aimera mieux flamber sa jeunesse au feu des plaisirs, dût-elle mourir à vingt-cinq ans. Que lui importent les malheurs qu'elle cause, puisque par la charité (1), par l'aumône, ces malheurs peuvent être pardonnés, puisque son action n'influe en rien ni sur le progrès, ni sur le bonheur des mortels! La loi de Dieu enseigne le contraire. En vertu de cette loi, nul ne vit pour soi, tous sont solidaires. Vivre pour autrui, c'est accomplir le premier des devoirs. Sans cet accomplissement, *la société doit et peut vous refuser les droits.* Être fidèle à son mari, même au risque de privations et de douleurs, c'est vivre pour l'enfant, c'est contribuer au bien-être de la cité, de la patrie. Ce n'est pas la beauté, alors, qui vaut honneurs et dignités, mais la vertu, la vertu librement choisie par la femme indépendante. Ces vérités ne seront jamais trop sauvegardées par des lois. Libre à chacun de raisonner, mais nul ne doit pouvoir rompre son ban. La femme vicieuse violant ce devoir doit être flétrie; autrement, plus d'honnête femme, plus d'homme d'honneur! Que l'on punisse l'adultère de cinq ans de prison, et nul mari n'assassinera plus sa femme surprise en flagrant délit. Moïse, si sévère, ne permet jamais au mari d'attenter à la vie de sa femme. Abolissez la peine de mort, et tout assassin sera lynché. Dès que la société mollit pour prendre la défense de chacun, chacun se rendra justice soi-même. Au bout de vingt ans, c'est la guerre civile en permanence.

Faites des lois, les mœurs suivront.

Vous vous récriez contre l'impertinence, le luxe des cocottes, contre le cynisme des habitués de la rue Marbœuf, contre les poètes faisant des vers sur les Lesbiennes. Donnez-moi le pouvoir de faire une loi de vingt lignes et au bout d'un mois, il n'y aura plus à

(1) Voilà pourquoi les courtisanes en général sont très charitables.

Paris ni cocot, ni cocotte, ni marbœuflon, ni lesbienne. Mais à une condition : que pas un, si haut placé qu'il soit, convaincu de vice, ne puisse se soustraire à la loi. Je commencerai par le rétablissement du divorce, non celui de Rome, qui a fait tant de mal ; il n'y a qu'un seul divorce d'admissible, celui prononcé judiciairement pour cause d'adultère ou d'impuissance. En ce cas, il déchire le contrat de mariage et annule la dot.

Dès lors, toute femme ne gagnant pas sa vie par son travail, par son mari, ses parents ou ses enfants, sera *publiquement flétrie*, condamnée à travailler pour autrui. Nous verrons alors *si les mœurs seront plus fortes que les lois*. Tout homme entretenant une concubine, marié ou non, sera privé de ses droits civiques. Il ne pourra jamais exercer des fonctions publiques, ni être tuteur de ses enfants. Nous verrons alors *si les mœurs seront plus fortes que les lois*. Tout jeune homme ayant séduit une jeune fille sera forcé de l'épouser, sans jamais pouvoir la répudier. Si le séducteur est marié, il sera forcé de constituer une dot à la victime, d'élever l'enfant et de lui apprendre un état jusqu'à l'âge de dix-huit ans.

Tout amour antisexuel, condamné aux travaux forcés. S'il y a eu violence, pendu haut et court, sans miséricorde ! Nous verrons alors qui des deux, de la loi ou des mœurs, sera le plus fort. Vous ne voulez pas de ces lois, éternelles comme la vérité, elles vous paraissent inhumaines ; vous croyez qu'il suffise de labourer, de semer, pour récolter ; que la mauvaise herbe n'a nullement besoin d'être arrachée, foulée aux pieds, retournée en fumier ; que le progrès marche toujours à travers les mœurs, en l'absence des lois ! Libre à vous ! *Jouissez encore des restes des devoirs accomplis de vos pères, mais vos fils, comme ceux de Jéroboam, ne seront plus gouvernés par des lois, mais par des verges de fer. Ils ont ri aussi, les jeunes roués de ce temps-là. Lisez leur histoire, et tremblez !*

Les mêmes causes produiront partout les mêmes effets. — Encore une loi absolue !

La vie privée doit être murée.

Autre propos de carnaval ! Comme si la vie publique n'était pas le centre, le foyer, le forum de toutes les vies privées ! comme si la vie privée avait un autre but, une autre mission, que de servir de modèle à la vie publique, qui en est le couronnement et la récompense !

Comprend-on un grand homme d'État félon à son ami, parjure à sa femme, improbe envers ses domestiques, menteur à ses créanciers ? Des qualités que l'on exige d'un homme public, y en a-t-il une seule qui ne soit nécessaire à la vie privée ? Parmi les vices privés qui doivent être murés, en est-il un seul qui ne soit préjudiciable à la vie publique ? Comment ! Devant Dieu il n'y a qu'une loi, loi que nous retrouvons dans tous les êtres, et vous croyez pouvoir la scinder en vie publique et en vie privée ! Y a-t-il une bête, lâche dans sa tanière, qui soit vaillante dehors ? Est-il une plante dont la nature malfaisante ou bienfaisante change selon qu'on la regarde ou non ? La taupe acquiert-elle des yeux en sortant de sa taupinière au soleil ? Le loup change-t-il d'instinct en changeant de poil ? Et l'homme seul ferait exception à cette loi ! Lui seul, de chenapan qu'il est dans son cabinet, dans le boudoir de sa femme, dans son étude, dans son laboratoire, deviendrait autre dès qu'il endosse un uniforme, qu'il ceint une écharpe ou un baudrier ! Comment ! une seule loi gouverne les cieux, la terre, les eaux, les planètes, et l'homme en aurait deux, deux morales, l'une pour son usage domestique, l'autre pour l'usage public ! Comment l'homme vieux et impuissant sacrifiant une jeune fille à son égoïsme, la condamnant, bien qu'il l'épouse, à une prostitution presque forcée, dût-il la couvrir d'or, cet homme peut, à un moment donné, juger, condamner les autres au nom de la raison et de la morale ! Comment ! le propriétaire rapace, sans entrailles, sans cœur, vivant aux dépens du travail de ses locataires, les grugeant comme une sangsue, peut être juge et arbitre des litiges entre le pauvre et le riche, entre le faible et le fort, entre le travailleur et le capitaliste ! Comment ! un homme infidèle à sa parole, se moquant de la vertu d'une jeune fille, — la fille, la sœur, la petite-fille de quelqu'un, — peut prendre la parole en qualité d'avocat ou de juge dans des questions d'amour, de mariage, d'outrages à la pudeur, de séduction, parce que sa vie privée doit être murée ! Comment ! un célibataire riche, vivant avec la femme d'autrui, mariée ou non, complice d'une malheureuse, fût-elle inscrite (fille, sœur, femme, petite-fille de son prochain), — cet homme, jouissant de tous ses droits de citoyen, sans en remplir les devoirs les plus rudimentaires, ce corrupteur forcé, ce scorpion élégant, ce cocot, car il est toujours ou entreteneur ou entretenu, morigénera, chapitrera, semoncera, raillera, critiquera, blâmera qui que ce soit ! Il fera des journaux, il parlera du haut de la tribune, dans le prétoire, il sera conseiller d'État, juge, député, ministre, lui dont toute la vie est un long et immoral égoïsme, en dehors de toute loi, de toute morale, de toute vérité, parce que sa vie privée doit être murée ! C'est lui, frelon vivant du fruit des abeilles, qui devrait être muré. Ce sont les gredins inventeurs de cet ignoble axiome qui devraient être murés, comme l'amant de la grande Bretèche de Balzac !

La preuve n'est pas admise.

La logique, qui est la loi de Dieu, est partout, même dans l'absurde, en plein carnaval. Une société qui est tout entrailles pour le coquin, l'escroc, le voleur, l'assassin, qui a des indulgences plein la main pour le sodomisme et l'inceste, doit être d'une sévérité inquisitoriale pour la pure vérité. Cette société inscrit logiquement dans son code : « *La preuve,* c'est-à-dire *la vérité, n'est pas admise.* » Autant dire : Il est défendu d'appeler la nuit ténébreuse, et la ciguë vénéneuse. A quoi bon, d'ailleurs, rappeler à un pauvre escroc qu'il a eu un moment de distraction ? Tout n'est-il pas pardonné à la fin ? Que celui qui n'a pas un peu escroqué lui jette la première pierre. Qu'est-ce que cela fait à Pierre que Jacques soit spolié ? Chacun pour soi ! Pourquoi les Jacques sont-ils fatalement voués à être dupes ? Les sots ne sont-ils pas faits pour être croqués, pour être exploités par les hommes d'esprit ?

Que la loi soit sévère pour un véritable diffamateur ! Elle ne l'est pas assez. Cinq ans de prison ne seraient pas de trop pour un misérable convaincu de mensonge, d'une calomnie intéressée, aux dépens de l'honneur d'un homme, ou du bonheur d'une femme. Mais, pour que l'honnête homme soit respecté, il faut absolument que le malhonnête homme puisse être flétri. La flétrissure de l'un est l'ombre inséparable de la lumière de l'autre.

Le droit de la critique, en général, ne commence que là où commence la liberté de l'homme. Voilà un bossu et voici un bègue. Reprocher à ces hommes leur infirmité, ce serait une insigne lâcheté. Non seulement tout humain a ses infirmités, mais nul n'est sûr de n'être pas frappé de la même affliction. Mais que ce bossu pose pour Apollon, ou que ce bègue prétende à l'éloquence, dès lors j'ai le droit de les rappeler à la connaissance d'eux-mêmes. Voilà un homme condamné pour avoir fraudé ; voici un autre flétri pour attentat à la pudeur. Que l'un s'établisse marchand de denrées, ou que l'autre se présente comme fonctionnaire, j'ai le droit de leur présenter le miroir de la connaissance d'eux-mêmes. Ou bien aimez-vous mieux que cet homme me réponde : « Oui, cela est vrai, j'ai volé une fois et j'ai été condamné, mais on ne m'y prendra plus, et vous n'avez pas le droit de me rappeler ma faute ! » Soit ! à condition que cet homme, par une vie exemplaire, a réellement prouvé que sa faute, réparable, a été grandement réparée. Mais si cela était ainsi, cet homme ne briguerait aucun suffrage, ou bien, au lieu de faire un procès au soi-disant diffamateur, il dirait : « J'ai été condamné, mais, depuis, je défie qui que ce soit, après avoir fouillé dans ma vie privée, non murée, d'y trouver un seul acte d'indélicatesse ! » « Quand on porte du beurre sur la tête, dit un proverbe allemand, on ne va pas au soleil ! »

Mais non ! Un homme eût-il volé cinquante fois, fût-il même assassin, nul n'a le droit de le rappeler à la modestie, à la pudeur, car *la preuve n'est pas admise.* Que dirait-on de plus d'une bande de brigands italiens faisant une loi ainsi conçue : « Quiconque nous appellera brigands sera condamné comme diffamateur. La preuve n'est pas admise. »

Le grand galop.

Une loi pareille ne pouvait être faite que par une assemblée d'hommes ayant toute erreur bue, ivres du vin bleu, de paradoxes carnavalesques, guidés par quelques pochards intellectuels. Aussi chacun d'eux aimait, qui la femme d'autrui, qui le bien d'autrui, qui l'esprit d'autrui. Ils se mettaient, leurs fils se mettent encore à quatre pour faire un vaudeville, une cocotte, un discours, un bon mot, parfois même un enfant ! Et quand on leur disait : « Mais vous n'êtes qu'un quarteron d'homme, » Ils vous envoyaient l'huissier, qui vous répétait d'un ton nazillard : *La preuve n'est pas admise:* tant et si bien qu'au bout de vingt ans la France pullulait d'honnêtes hommes, de grands hommes, de superbes hommes, d'hommes splendides, estampillés par le greffe de la justice. Jamais, dans aucune époque, on ne vit réunis tant de génies, tant de grands écrivains, de grands hommes d'État, de grands orateurs, de grands ministres, de grands administrateurs, de grands financiers. Les talents, comme les chevreaux, marchaient en troupe dans les journaux et dans les salons. Il pleuvait de la gloire! Il a fallu vingt siècles à l'humanité pour produire quarante hommes de génie. Races de Pygmées! La France de 1830 en a produit plus de mille en trente ans! Quel progrès! Quels pas de géants! Il n'y avait plus en France que deux hommes ordinaires, médiocres, insupportables d'ennui. Ces deux monstres s'appelaient Saint-Simon et Fourier! Tous les autres étaient radieux, entraînants, palpitants d'esprit, de talent, de style, d'imagination, de génie littéraire, industriel et politique! N'est-ce pas une preuve du progrès humanitaire, qu'une société si bonne, si humaine pour toutes les faiblesses sans exception, si indulgente pour le prochain, pour peu qu'il soit un tantinet charlatan, réclamier, faiseur, parlottier, escroc même, pourvu seulement qu'il observât le onzième commandement du décalogue ainsi conçu : « *Tu ne te laisseras pas prendre,* » ou que, pris, il ne permît pas que la preuve fût admise. Aussi quelle surprise, quelle stupeur, quelle pétrification universelle, quand, par un 24 février, toute cette société s'écroula sur elle-même au signe du philosophe quinteux, là-haut, ordonnant que les effets jaillissent de leurs causes! Ils avaient cru, les malheureux! pouvoir arrêter ces effets en se privant de tout effort, de toute vie, de toute virilité; semblable au sybarite, croyant pouvoir arrêter la circulation du sang en se couchant sur un lit de roses!

Mil huit cent quarante-huit !

Une révolution est bienfaisante et mérite ce nom quand, par le choc des deux principes contrastants, dont l'un s'approche de la vérité, l'autre de l'erreur, le principe de bien vainc l'autre, n'importe que cette victoire s'établisse paisiblement ou après des luttes sanglantes. Mais si les deux combattants partagent les mêmes principes, vainqueurs et vaincus, dupes d'un mirage, d'un égoïsme trompeur, s'épuisent en de stériles combats et ne traînent après eux que déception et que servitude. Telle fut la révolution de 1848. Vainqueurs et vaincus professaient les mêmes erreurs fondamentales. Les uns proclamaient le progrès continu et forcé; les autres, niant tout principe d'idéal, divinisaient les droits et aboutissaient forcément à la force brutale. Du moment que l'homme n'admet pas un idéal en vertu duquel l'un doit vivre pour l'autre, personne, fût-il né crétin, ne se mettra *derrière* un autre. Tous se placeront de front. Impossible de marcher. Le monde n'est pas assez large. Peu importe la forme politique de l'État. République ou Monarchie, que le suffrage soit universel ou restreint, que le chef constitutionnel s'appelle Roi ou Président, il s'agit, avant tout, de savoir si la justice est possible, si la liberté peut s'établir un jour, si l'égalité n'est pas un vain mot. Or, que l'on professe les principes de Thiers, de Guizot, de Hugo, de Falloux ou de Proudhon, je défie Dieu lui-même d'établir là-dessus une société, quelle qu'en soit la forme, avec une ombre de justice, un jour de liberté, une heure d'égalité !

Voyons !

Les néo-catholiques.

D'après le principe chrétien, que l'on s'appelle Loyola ou Jocelyn, Falloux ou Lamartine, Bismarck ou La

Guéronnière, Dieu peut tout. Il ne reconnait pas de loi, du moins il la suspend quand bon lui semble. Tout effet peut être détaché de sa cause. La Providence est individuelle. L'homme est prédestiné. Quand il fait le mal, ce mal, par le pardon, ou par un miracle, peut être annihilé. A quoi alors sert la liberté, puisque, par la grâce, l'un est né heureux, spirituel, riche, et que l'autre, dès sa naissance, est voué au malheur, à la pauvreté, à la roture, à la sottise? A quoi, je vous demande, sert l'égalité? Il n'y en a même pas après la mort. D'après ce principe, le faible existe pour le fort, le petit pour le grand, le pauvre pour le riche. Où donc y a-t-il là une place pour la justice? Il n'y a pas la moindre différence entre ceux qui s'appellent catholiques, évangéliques ou talmudistes. — Leur société existe, avec des nuances, depuis dix-huit siècles. Quatre-vingt-neuf n'a rien de commun avec cette société-là.

En vertu de quel droit MM. Thiers et Cousin, même du temps où ils ne coquetaient pas avec l'Elvire de l'Église, demandent-ils à un citoyen d'accomplir un devoir? Le progrès, d'après eux, n'est-il pas indépendant des efforts et de la vertu de l'homme? Pourquoi s'imposer une privation, renoncer à un plaisir que l'on appelle vice, cette privation, ce renoncement, ne contribuant en rien au bien général, au bonheur progressif? Y a-t-il quelque chose de plus illusoire que la liberté de l'homme? A quoi sert-elle, si elle ne sert plus à discerner le bien du mal? A moins qu'elle ne serve à se permettre toutes les coquineries, toutes les vilenies, toutes les infamies.

En vertu de quelle loi Hugo réclame-t-il la liberté, lui qui dans toutes ses œuvres proclame la *fatalité* la plus brutale? A quoi, pardieu, peut servir la liberté, si chacun, qu'il fasse le bien ou le mal, est fatalement prédestiné, l'un à emmener la belle, l'autre à se noyer? La fatalité, c'est la loi du succès, la loi du plus fort, la loi de César. Proclamer la liberté au nom de ces principes, c'est comme si l'on voulait tirer du lait d'un serpent, ou du miel d'une ruche de frelons.

Les Proudhonistes.

En vertu de quelle loi Proudhon et ses partisans réclament-ils l'égalité? Y a-t-il dans ce monde deux choses égales l'une à l'autre? Le chêne est-il l'égal du roseau? M. Darimon est-il l'égal de Proudhon? Le noir est-il l'égal du blanc? Qu'est-ce qui prouve au fort qu'il est l'égal du faible, à la femme belle qu'elle est l'égale de la laide, au valide qu'il est l'égal de l'invalide? *L'égalité n'est nulle part dans la créature, elle est exclusivement dans le principe créateur.*

La substance créatrice, quel qu'en soit le nom, à la fois cause et effet, par la création même, a déposé une dose plus ou moins grande de son essence dans chaque être sans exception. Les êtres ne diffèrent entre eux que par la *quantité* de cette substance, nullement par la *qualité. Là est l'égalité universelle.* C'est grâce à ce principe que l'être contenant une plus grande partie de la substance divine, se doit à la plus petite; de même le Créateur n'existe-t-il que pour ses créatures. Sans ce principe, dévouement, abnégation, devoir, ne seraient que de vains mots! La vertu ne serait qu'une duperie, la justice qu'une niaiserie, la vie n'aurait qu'un but : le pouvoir de faire tout ce qui vous passe par la tête, tout ce qui vous fait plaisir, à condition d'être toujours le plus fort, dût l'humanité entière, jonchée à vos pieds, vous servir de litière, ou, tas énorme de chair pourrie et de sang coagulé, devenir le socle de votre grandeur néronienne d'un jour!

Dès que l'on élimine le principe divin, il n'y a plus ni liberté, ni égalité. Sans Dieu l'homme n'est plus humain. Aucune société n'est possible sans la proclamation formelle de ce principe; aucune démocratie déclarant la vérité philosophique superflue, non prouvable, n'aura ni un jour de liberté, ni une heure d'égalité. La liberté, si elle ne sert pas au progrès, au bonheur de l'homme, est une dérision; l'égalité, si elle ne jaillit pas de Dieu, est une absurdité!!

Pas une vérité, pas un homme!

On s'est souvent étonné qu'il ne fût pas sorti un homme d'État de la démocratie de 1848. Rien de plus simple ni de plus logique. Les hommes ne sont que des porte-idées, des piliers intellectuels. Si les idées devenues populaires sont vraies, elles produisent des hommes fortement trempés; si, au contraire, elles sont toutes entachées d'erreurs, elles ne produisent que des hommes creux, sans force ni caractère. Il eût été rationnellement impossible qu'un homme sérieux sortît des idées carnavalesques que nos livres, nos pièces, nos journaux, depuis 1830, ont couvées et pondues. Elles ne pouvaient produire que des comédiens plus ou moins bien grimés, ayant le verbe ronflant, mais pourris d'indulgence pour le mal et le vice, tous prêts à faire bon marché des principes proclamés, auxquels nul d'eux ne croyait sincèrement, tous enfin roulant les uns sur les autres comme autant de statues d'argile sans base ni appui.

Ils avaient professé que l'action individuelle n'avait point d'influence sur le progrès universel! Ils croyaient que la révolution de 48 était un progrès venu tout seul; que l'homme n'était pas le maître de sa destinée; que point n'était besoin d'opposer au mal une poitrine; que tolérer les vices, c'était être humain, plein de pitié; que les lois étaient autant d'engins de tyrannie; qu'il fallait se laisser traîner à la remorque des mœurs; que toute passion était sacrée; que l'art n'était qu'un mot; qu'un homme peinturlurant fidèlement un chaudron, un lièvre, un chapeau, des reins de femme, était un grand homme; que la société n'avait pas le droit d'infliger la peine de mort, parce que l'assassin n'avait plus la chance de ressusciter. Le lendemain de la révolution, après avoir aboli la peine de mort en matière politique, ils entonnèrent des chants de gloire en leur honneur, pour avoir osé affronter cet horrible préjugé. Pure couardise! Autant proclamer qu'il n'y a ni principe, ni vérité, ni société, ni patrie, ni humanité. Autant acclamer le droit du plus fort. Comme tout gouvernement pouvait et devait être renversé par des coups de main, c'était se garantir mutuellement la tête. Pourquoi d'ailleurs mourir? Pas un d'eux n'avait ni une idée, ni un principe qui différât du vaincu de la veille, du vainqueur du lendemain. Le véritable homme d'État, gouvernant au nom d'un principe de justice, se présente comme saint Denis portant sa tête dans ses mains! Celui qui n'a pas de foi philosophique, prêt à mourir pour elle, ne sera jamais un homme d'État. Celui qui ne croit pas que ses actions, bonnes ou mauvaises, contribuent au bien ou au mal de tous ses semblables, ne fondera jamais une cité, à plus forte raison une république, qui ne saurait exister un jour sans vertu, attendu qu'il faut que l'un fasse son devoir pour que l'autre jouisse de ses droits.

Montesquieu a prouvé et reprouvé cette vérité! Voltaire l'a élucidée, Rousseau l'a répétée. Ce fut là la nourriture quotidienne de nos pères, qui, forts de cette moelle de lion, ont créé une nouvelle société, après avoir repoussé la guerre civile et trois armées de l'étranger. Nos hommes d'État de 1848 n'avaient dirigé que Hernani, Leone Leoni et Antony!

Que voulez-vous qu'ils fissent? qu'ils mourussent!

Pour fonder la République, il eût fallu tout d'abord s'accorder sur le principe religieux. Il n'eût point suffi à la longue de laisser la liberté aux erreurs religieuses du passé, de séparer l'Église de l'État. La liberté des erreurs ne conduit pas à la vérité. La liberté des croyances, liberté sacrée, d'ailleurs, n'amène pas à elle seule un principe de vérité. L'État ne saurait point être athée, une république moins que la monarchie. L'athéisme, c'est l'anarchie forcée, c'est le droit du plus fort dans sa hideuse nudité. Il n'y a que des cafards ou des crétins qui puissent railler Robespierre pour avoir voulu proclamer l'*Être suprême*. Ce fut là le seul grand acte de cet homme. C'est son éternel honneur de l'avoir tenté. *Si le premier consul avait pris cette idée, jamais il ne serait allé à Sainte-Hélène.*

La société, depuis la création du monde, s'est toujours formée sur le principe philosophique consacré par le pouvoir. La terre s'est toujours modelée sur le ciel, dans tous les temps, chez tous les peuples. La monarchie despotique n'a jamais pu exister sans le principe de la fatalité, du pardon des crimes et de la grâce prédestinée. La démocratie *sans serfs ni esclaves* ne saurait nulle part s'établir un jour sans le principe de la loi divine immuable et de l'indépendance absolue de l'homme, qui par sa vertu ou ses vices, grâce à la loi inexorable des effets et des causes, crée son propre destin; qui, avant de s'appartenir à soi, appartient à la société, attendu que le mal qu'il fait, *ne pouvant être pardonné*, retombe forcément sur tous, sur le bon comme sur le méchant. En vertu de ce principe seulement, le premier devoir de la société, avant de faire le bien, *est d'empêcher le mal*, d'où qu'il descende, où qu'il monte, et, en cas que l'auteur du crime ne puisse plus réparer lui-même le mal fait, de le retrancher de son sein à tout jamais !

Le coup d'État.

Le coup d'État, en changeant la forme de la constitution politique, n'a changé aucune loi sociale. De nouvelles branches tout enfeuillées ont poussé sur les erreurs philosophiques et sociales du XIXe siècle.

Le coup d'État a été logique, et pour la millième fois il a prouvé que, loin d'avancer toujours, le progrès, comme le cordier, file très bien son nœud en reculant. Non que le coup d'État n'eût pas pu ne pas avoir lieu. Tous les événements humains sont dans les mains de l'homme; mais, pour cela, il eût fallu que les représentants de la République fussent des hommes. Un mortel n'est un homme qu'en s'adossant à un principe divin. Il peut alors faire face à l'adversaire! Tout homme qui n'est pas philosophe, dont les actions ne sont pas les lignes droites d'un foyer central, n'est rien, ne fait rien, qu'il soit poète coloriste comme Hugo, orateur comme Berryer, spirituel et disert comme Thiers, dialecticien comme Proudhon. Dans un moment, juste le moment où il faut être un homme avec toute l'exaltation de la raison, il reculera jusqu'au bout du monde.

Pourquoi M. Thiers mourrait-il pour la liberté? Est-ce que, selon lui, le progrès ne va pas toujours son petit bonhomme de chemin, que lui M. Thiers meure ou non pour un principe douteux? Est-ce que, d'après ses *Histoires*, la Providence n'intervient pas toujours quand sa présence est nécessaire? M. Thiers voudrait-il opposer sa poitrine à la Providence? Il est trop bon chrétien pour cela.

Et M. Berryer, de quel droit risquerait-il sa chère et inappréciable vie? Admettons qu'il ait manqué à son devoir! Son Dieu n'a-t-il pas des indulgences plein la main pour les repentis fidèles? A quoi sert une action héroïque, si Dieu, par sa toute-puissance, peut d'une lâcheté tirer les mêmes conséquences que d'un acte de vaillance? Dieu n'a nullement besoin du sacrifice de M. Berryer pour se tirer d'affaire.

M. Proudhon non plus, ni aucun de ses adeptes de l'athéisme, ne doit exposer sa vie. Cette vie, sortant d'elle-même (la cuisse de Jupiter sortant du front), ne se doit qu'à elle-même. Mieux vaut un chien vivant qu'un évêque mort. L'athée, d'ailleurs, n'a ni collègues, ni coreligionnaires. Il est à la fois son Dieu, son prêtre et son autel. Aussi Proudhon a-t-il engueulé tous les dieux rivaux à côté de lui. Il n'a été doux que pour ses séides, qui, un jour donné, auraient marché sur lui. Le plus enragé des athées est un froid indifférentiste. Toute religion à la fin lui va, pourvu qu'elle cadre avec sa divinité. Le grand et inimitable Molière déjà a fait de son athée de Don Juan un jésuite de catholique. Cent hommes de principe vaincront dix mille athées. L'athée a le verbe haut, mais il est veule; plus il crie, plus il recule! Une assemblée d'athées ressemble à un mur de briques sans ciment : un coup de pied vigoureux les envoie à tous les vents de la boussole!

Mon chemin de Damas.

Les coups de fouet et de critique que je fais claquer au-dessus des têtes de mes contemporains, je m'en suis sanglé les reins. Plus jeune qu'eux de dix ans, je me suis nourri de leur pain de mensonge et j'ai bu à larges traits de leur vin de vertige. Moi aussi j'ai cru au progrès continu, à la civilisation progressive, au pardon du mal, à l'*anankê,* à ce pêle-mêle de flagrantes contradictions qui cadrent si bien avec la lâcheté de l'esprit et l'impertinence des sens. Moi aussi j'ai prêché à la femme l'émancipation absolue de sa chair; mais j'espérais en cueillir le fromage à la crème. Moi aussi j'ai glorifié les droits de l'homme; c'était pour m'affranchir de mes devoirs. Mais quand j'ai vu la stérilité de quarante années d'études, d'efforts et de travaux, quand j'ai vu sortir de leur sépulcre des principes de mort que je croyais à tout jamais enterrés, réduits en poudre; quand j'ai vu mes rêves les plus verdoyants fauchés, jonchés à mes pieds, je suis rentré en moi-même, et, au lieu d'incriminer la force des vainqueurs, j'ai scruté la faiblesse des vaincus. Pendant dix années, j'ai recommencé mes études de jeunesse, méditant les principes de tous les grands philosophes, de tous les glorieux hommes de bien qui ont pensé, parlé, écrit, depuis Moïse jusqu'à Voltaire, qui ont cherché et trouvé la loi de Dieu dans l'œuvre même, dans l'histoire de l'homme. Insensiblement la vérité logique, d'accord avec la raison, d'accord avec l'histoire, d'accord avec la science, s'est déroulée devant mon esprit. Il ne me restait plus que de la préciser, de la résumer en quelques axiomes, à la portée du dernier des mortels, car ce qui n'est pas compréhensible pour tous ne saurait être vrai.

Toute vérité est lumière et la lumière n'a pas besoin de preuve ; elle arrive, et elle est. C'est avec douleur que je renverse les idoles que jadis j'ai adorées ; mais, si je ne les secouais pas, elles tomberaient toutes seules. Je ne fais que devancer le temps. L'idée précède toujours le fait comme l'éclair précède le tonnerre. La Révolution de Février, le Coup d'État, n'ont ébranlé aucune des erreurs que je combats et que je désire démolir. Elles servent toujours de pain spirituel dans la presse grande et petite, dans les salons, à l'Académie, dans le Corps législatif, au Sénat, dans la Société des gens de lettres, à l'église, dans la synagogue, et jusque dans l'écurie, ce laboratoire de notre aristocratie courante.

La presse.

Depuis 1836, la presse, infestée des erreurs que je viens de flétrir, après s'être bénévolement inféodée aux principes dissolvants des romantiques, est devenue, sauf quelques rares exceptions, une bourse intellectuelle où les idées, le talent et l'esprit se cotaient et se tarifaient.

Peu importait à la presse des faiseurs la vérité ou l'erreur, pourvu qu'avec l'une ou l'autre elle fît des abonnés. Pour s'achalander le public, il fallait qu'elle créât de grands hommes postiches, de grands écrivains, de grands romanciers, de grands dramaturges, de grands critiques, de grands chroniqueurs. N'y en eût-il plus eu un seul, il lui en fallait à tout prix. Plus le buste était petit, plus la presse élevait le socle. C'est le cri un peu cynique d'Ezéchiel contre les faux prophètes : « Des *putains* ayant ouvert les jambes à tous les ânes d'Égypte, tu les prends pour des vierges. »

On reproche parfois à la presse française d'avoir été injuste, sévère, méchante, d'avoir renversé des gouvernements. Plût à Dieu qu'elle méritât ces reproches! Jamais presse ne fut plus confite en douceurs. C'est une véritable fabrique d'indulgences. Depuis trente ans, elle n'écrit que des réclames. Les éloges qu'elle a décernés à ses soi-disant grands hommes se sont siropés en montagnes. Plus d'un de ces faux poètes et hommes d'État s'y est taillé un escalier pour monter au Capitole, où le vertige l'a pris. Il n'est pas de grenouille coassante que la presse n'ait gonflée un peu pour en faire, sinon un bœuf, du moins un veau.

Sans principe, ni idéal, ni critérium, la presse, indifférente ou athée, au lieu de prendre son rôle de justicier au sérieux, a préféré faire fonction de greffier. Elle ne savait pas que pour aimer le bien il fallait absolument haïr le mal. Elle croyait, comme ses modèles, que le mal se pardonnait, qu'il n'a point d'influence sur le progrès. A quoi bon se faire des ennemis? elle oubliait que, dans la vie sociale, *tout homme manquant à ses devoirs de citoyen est un ennemi*, comme le chardon est l'ennemi de l'épi. Le laboureur, ayant oublié de brandir son soc en guise de massue, perdit bientôt l'habitude de creuser un sillon. Le mal est devenu si grand qu'aujourd'hui même personne ne croit plus à une critique, fût-elle sérieuse. On est tellement habitué à l'obséquiosité veule de la presse, que la critique la plus violente passe pour une réclame.

Pour comble de malheur, comme les anciens évêques, la presse politique tenait à cumuler le droit de remontrance avec les bénéfices. Cela ne pouvait durer. Elle avait beau railler le sacerdoce, le peuple, qui a l'instinct du vrai, lui donna le nom de *boutique* et la tua du coup. Aussi, quand elle fut abattue, et abattue sans lutte, pas un homme n'éleva une voix en sa faveur. Libre, elle avait manqué à tous ses devoirs. En vertu de la loi divine, qu'elle a beau nier, elle devait perdre et elle a perdu tous ses droits. Dans cette défaite, elle peut, en reconnaissant ses vices organiques et en coupant le cancer qui la ronge, retrouver son salut. Qu'elle n'oublie pas que toute la force de ses ennemis est uniquement dans sa propre faiblesse. Puisse-t-elle un jour s'écrier comme Thémistocle : « *Si nous n'avions péri, nous allions périr.* »

L'Académie.

Qu'on lise les harangues prononcées dans l'enceinte de l'Académie depuis vingt ans pour y trier quelques pensées utiles, quelques vérités abstraites, nécessaires, autant chercher des épingles dans un chariot de foin. Tout y est fruste, décrépit ; qui pis est, tout y est fausseté, erreur. Croit-on qu'il suffise de naziller une douzaine de banalités littéraires pour donner le change au public, pour cacher la véritable raison qui préside aux élections ? Ne sait-on pas que l'Académie de Voltaire et de d'Alembert est devenue une sacristie, presque une jésuitière ? (1) Ignore-t-on que monsieur un tel a été élu parce qu'il occupe certaine place, qu'on a besoin,

(1) Depuis elle sert de maison de passe à des Marguerite et à de belles Hélène.

sinon de ses apostilles, du moins de sa béate condescendance, et que tel autre entre dans la confrérie parce qu'on espère le voir renier ses principes philosophiques, pour servir de ménétrier aux danses ultramontaines? Suffit-il de draper de pourpre un corps criblé de plaies pour lui rendre la santé ou pour le faire accepter comme un soldat valide et vigoureux? Non, non! Ces phrases désossées et dessalées soi-disant académiques ne produisent plus que des bondissements de cœur? Qui donc, parmi la majorité des académiciens, n'a conçu une comédie, écrit un livre, médité un axiome, rimé un vers, que dans un but d'égoïsme ou de stérile ambition politique? Les attributs divins de la gloire sont devenus lettre morte pour l'Académie. Les mots *Philosophie, Raison, Sacrifice, Martyre*, ne figurent dans son Dictionnaire intime qu'en guise de pierres tumulaires sur des choses royalement enterrées. Le dernier des ouvriers, travaillant pour former la raison d'un orphelin, mérite plus de gloire qu'une palme verte rimant des comédies pour gagner trente mille francs, des rubans-galons, et des feuilletons dithyrambiques.

Quant à corriger des mœurs avec des discours et des pièces, autant jeter quelques gouttes d'huile rance dans un brasier. *Les lois seules corrigent les mœurs. Le Bourgeois gentilhomme* de Molière vaut pour le moins *le Gendre de M. Poirier*. Eh bien, ils n'ont absolument corrigé personne. Il n'y a qu'un moyen, dit Chamfort, de détruire le bourgeois gentilhomme *c'est d'abolir la gentilhommerie.*

C'est la tragédie de 93 qui seule a donné la vraie sanction à la comédie de Molière. On ne chasse le froid que par le feu, l'obscurité que par la lumière. Ainsi du vice et de l'erreur: on ne les expulse que par la vertu et la vérité.

De temps en temps l'Académie distribue des prix de vertu. C'est comme si la nuit décernait une couronne au jour. M. de Sainte-Beuve vient, dit-il, de trouver une merveille de vertu, une femme dont toute la vie ne fut qu'une abnégation, J'en doute ; car, pour que cette vertu fût réelle, il eût fallu que cette femme ne fît pas de distinction entre ses semblables, hommes, bêtes et plantes, tous les êtres ayant jailli de la même source. Que *si cette vertu existe, c'est à elle à distribuer des prix!* Sa vie est plus nécessaire, plus glorieuse, plus divine, que celle d'un grand nombre de nos académiciens, y compris M. de Sainte-Beuve. J'ai voulu avant de prononcer ce nom, me rendre compte de la mission de cet immortel. Je viens de relire un de ses volumes de causeries. Sur mon âme, chaque ligne m'a paru un trompe-l'œil, chaque phrase une embûche, chaque période un engin d'escamotage, le tout une boîte de voyage à double fond pour frauder la douane littéraire. Hormis un fait historique très intéressant, je n'y ai pas trouvé une seule vérité ayant une portée philosophique et sociale. Ce fait, le voici : « *Louis XIV, à Versailles, a été tourmenté toute sa vie par des punaises dont il n'a jamais pu se défaire.* » Encore c'est Fagon qui parle !

On me dira : Vous attaquez l'Académie parce que vous n'en êtes, parce que vous n'en serez pas ! Non seulement je n'en serai pas, mais je ne serai jamais d'aucune académie, dussé-je vivre deux cents ans, dussé-je, par un ramollissement de cerveau, devenir l'égal de plusieurs d'entre eux ! On peut être un homme de génie, comme Voltaire, et entrer dans cette compagnie ; mais toute académie n'est qu'une société d'impuissance mutuelle, attendu que les défauts des uns neutralisent forcément les qualités des autres. L'Académie française est un édifice vermoulu de vétusté dont les abords tortueux sont privés de la lumière de la vérité. Elle ne doit sa durée qu'à notre indifférence. Un jour pourtant, elle recevra sa lettre de jussion, qui l'enverra paître, et pas un coq ne chantera, et pas un chien n'aboiera, et pas un âne ne braira. Ce jour-là, comme dit le Psalmiste, le Seigneur sortira de sa tente, comme un fiancé paré de ses atours, pour aller au-devant de sa bien-aimée, *la Justice*. Et, quant aux quelques justes qui s'y sont fourvoyés, on les marquera avec une croix rouge, comme on marque les baliveaux dans un bois destiné à être coupé.

La propriété littéraire.

Une propriété mérite ce nom et donne droit à l'us et même à l'abus quand, pour la créer, il faut toujours le même travail, et quand elle disparait par le temps, toute seule. Une maison, un champ, une statue, un tableau, est une propriété. Pour la créer, pour l'entretenir, il faut toujours le même travail ; le temps la détruit forcément. De plus, il ne suffit pas qu'une maison existe quelque part pour qu'elle soit partout. Une seule maison ne peut pas non plus servir d'abri à tous les mortels. En un mot, n'est propriété que ce qui est soumis aux lois de l'espace et du temps. Si d'un raisin on pouvait tirer des milliers de raisins, sans le même travail qu'il a fallu pour le premier, jamais il ne serait venu dans l'idée d'un homme de le consacrer comme propriété. Si un champ suffisait pour nourrir l'humanité, jamais personne n'eût songé à payer une redevance à celui qui l'a cultivé le premier ; tout au plus lui eût-on permis de vivre avec les autres, sauf à l'honorer comme un bienfaiteur de ses semblables. Un livre n'est donc pas une propriété et ne saurait jamais l'être. Si l'auteur était forcé de refaire son œuvre pour chaque lecteur, si son œuvre n'était pas ubiquiste, si elle ne pouvait pas durer toujours, elle pourrait, à la rigueur, être qualifiée de propriété. Mais, avec l'art de multiplier les exemplaires à l'infini, de conserver le modèle, sans y dépenser ni une minute, ni un sou de travail, le livre ne saurait, à moins de folie, être classé parmi les propriétés ; tout au plus, si l'œuvre est utile, la société doit-elle honorer l'auteur et lui assurer grandement son existence. Le livre ne représente la propriété que par le travail que coûte chaque exemplaire : composition, tirage et papier. Toute autre propriété littéraire est de l'usure, et la plus ignoble de toutes, l'usure qui frappe ce qu'il y a de plus sacré dans l'homme : le droit de s'instruire et de cultiver sa raison, le droit de devenir un homme.

La propriété littéraire donc avec son droit d'hérédité et de transmission, loin d'être un progrès, est un véritable progrèscide. Elle engraisse l'abeille mais, elle détruit le miel. Elle fait vivre le littérateur, mais elle tue la littérature. Autant sacrifier l'humanité à la patrie, la patrie à la cité, la cité à la famille, la famille à l'individu.

La propriété littéraire n'a pu surgir que dans une époque admettant le progrès forcé, continu, indépendant de la vérité idéale, des efforts et des sacrifices de l'homme. Elle a transformé la *muse* en *servante*. Elle a créé des milliers d'hommes de lettres, n'ayant ni vocation, ni talent, ni caractère, comme les démolitions de Paris ont créé des architectes, de vrais gâcheux ; créations spontanées, qui ont pris domicile dans la crinière et dans la queue de la lionne ; mais la lionne crèvera ! La lionne : c'est la littérature, la nation.

La vérité s'impose, a dit Voltaire, mais elle ne se vend pas. Ni les *Lettres provinciales,* ni *Cinna,* ni *Tartufe*, ni *Britannicus*, ni les *Lettres persanes*, ni l'*Esprit des lois*, ni aucune œuvre de Voltaire et de Rousseau, n'a été conçue, écrite, publiée pour cueillir des droits d'auteur. *Elles n'eussent jamais été faites!* Jamais la Réforme ni la Révolution de 89 n'eussent surgi dans l'histoire, si les grands génies littéraires et philosophiques eussent songé un seul jour, une seule heure, au profit monnayé de leur pensée !

Ceux qui font des livres, des pièces et des journaux dans l'unique but de s'enrichir, ceux qui exploitent leur gloire de réclame pour dorer leurs vices ou même pour enrichir leurs familles, sont traîtres au Verbe; de faux poètes, de faux prophètes, que le peuple tôt ou tard lapidera morts ou vifs. Il faut, comme le dit déjà Isaïe, opter entre le charbon ardent de la gloire et la boue durcie du succès, entre l'éternité et l'oubli. Jamais grande chose ne s'est faite avec de l'argent. Rien n'est par l'*Avoir*, tout se fait par l'*Être*. David a dit : « Je n'ai jamais vu de juste abandonné et ses enfants mendiant leur pain. » Moi, je dis : Je n'ai jamais vu d'homme de talent manquant du nécessaire pour travailler et faire du bien à son peuple. Or, sa mission étant de travailler pour autrui, de quoi se plaint-il ? Qu'il y ait des riches sans talent ? Les malheureux ! ils ne *sont* rien, il faut bien qu'ils *aient* quelque chose. N'allez pas chez eux, ils viendront comme des chiens couchants assiéger votre mansarde. Méprisez leur fortune, ils la jetteront à vos pieds. Dès que vous les imitez, vous êtes perdus. C'est comme si les poissons, sachant vivre gaiement dans l'eau, allaient, sur l'invitation des renards, se rendre sur l'herbe verte émaillée de boutons d'or. Ils seraient dévorés. Ce qui resterait pourrirait après quelques convulsions. Vous êtes allés sur l'herbe verte pour avoir des palais, des maîtresses, des valets, des rubans, des costumes, des chevaux et des protecteurs. Erreur. Les palais, les maîtresses, les laquais, les chevaux, *vous ont*. Quand je dis *vous*, c'est *nous*, je ne m'excepte en rien. N'étant plus nous-mêmes, nous ne sommes plus rien. Heureusement, la jeunesse de talent est fatiguée de cette vie de harem et de ces éloges d'eunuques. La vraie gloire n'a rien de commun avec l'indulgence. Elle ne va pas gueusant des réclames auprès de la charité.

La Société des gens de lettres.

La Société des gens de lettres est sortie de la propriété littéraire comme les gabelous sont sortis de la gabelle. Si cette compagnie était une simple société de secours mutuels, où les forts soutiennent les faibles, où les riches appuient les pauvres, il n'y aurait rien à dire, elle ne serait qu'une société de charité de plus. Si elle s'était instituée pour sauvegarder la dignité de l'écrivain, avec un tribunal d'honneur chargé d'intervenir toutes et quantes fois que l'honneur l'exige, elle ne mériterait peut-être pas toujours des éloges, mais le respect dû à ce qui contribue à maintenir l'homme debout dans le chemin du devoir. Mais conçoit-on une société *intellectuelle* instituée exclusivement dans un but *matériel!* Autant dire des rossignols portant le sac au moulin, afin que les ânes puissent chanter à leur aise, ou bien l'arbuste qui produit l'encens servant de bâton de voyage aux mendiants. « Ils m'ont nommée gardienne des vignes, » s'écrie la brune héroïne du *Cantique des cantiques*, « je n'ai pas su garder la mienne propre. » Depuis que cette société existe pour garder la sacrée propriété de ses membres, je serais curieux de connaître les œuvres dignes d'être gardées un jour par une société d'hommes d'honneur et des femmes honnêtes.

Je sais bien que l'écrivain actuel refuse avec dédain le rôle de sacerdoce. Il aime mieux être *commissionnaire* que *missionnaire* de lettres. Il s'appelle bien Josse, mais il n'est plus orfèvre. Dès l'âge de puberté, il greffe des choux sur des rosiers. Son Pégase ne fait plus sourdre des Hypocrènes ; ce n'est plus un cheval de sources, mais de ressources. Il le met à l'écurie quand il se croit arrivé ou le surmène jusqu'à Montfaucon. Mais, à défaut de prêtre, l'écrivain est forcément juge. Je le défie d'écrire une ligne sans faire acte de justicier, fût-ce d'une flûte ou d'une cabotine. Chaque phrase qu'il écrit est un *attendu que*, un *considérant que*, qu'il applique soit à un homme, soit à une chose, selon la mesure intellectuelle, fausse ou vraie, qu'il possède, innée ou acquise. D'où vient donc alors que cette société, et comme but et comme moyen, est au-dessous de la dernière société d'ouvriers se réunissant pour discuter ?

Prenez-les un à un, c'est un homme charmant, poli, correct de langage, économe d'esprit et de critique, péchant plutôt par omission que par commission, digne d'entrer dans la diplomatie. Voyez-les ensemble, c'est une véritable grenouillère. De petites brigues, de petites haines, de petites niches, de petites vues, de petites idées, cinquante mouches du coche et pas de coche. Une boîte de parfums renversés, mêlés les uns aux autres et qui vous portent à la tête, un tas de souris en mal d'enfant d'une montagne, une véritable *Batrachomyomachie*. Un seul trait peint cette société : elle a un *Réglement*. Quoi ! des gens d'esprit, de raison et de justice se réunissent ; la première chose dont ils s'occupent, c'est de rédiger un règlement, qui ne peut servir que contre toute raison, contre tout esprit, contre toute justice ? Des statuts comme une société en commandite, comme si un homme de lettres pouvait exploiter son confrère, comme si un écrivain pouvait avoir d'autre visée que la vérité, comme si une société de littérateurs, de penseurs, de philosophes, sous peine de honte et de suicide, pouvait avoir d'autre but que le beau, le bien et le vrai ! Quoi ! l'intérêt de votre comité peut ne pas être l'intérêt de la société ! Il peut y avoir certains petits profits à glaner, certaines petites vanités à satisfaire ! Je croyais qu'il fallait, pour être du comité, y être porté comme un mandataire chargé d'un devoir qu'on ne peut accomplir qu'à force d'abnégation et de dévouement. Alsacien que je suis ! Il paraît que cette société, composée d'hommes qui toute l'année jugent et déjugent, s'élisant eux-mêmes et par droit de naissance et par droit de conquête, c'est-à-dire par le talent et la science, passe son temps à quémander de la protection. Miséricorde ! Apprenez *que la gloire, fût-elle en guenilles, donne toujours et ne reçoit jamais !* J'ai connu des poëtes, des artistes qui ont daigné protéger des gouvernements, mais jamais gouvernement, fût-il représenté par un homme de génie, n'a pu, par sa protection, faire éclore une seule œuvre d'art digne de voir le jour. Comparez la *Princesse d'Elide* au *Tartufe*, et jugez. L'art est maître. D'un bond il prend sa place au premier rang. L'art est libre, fût-il né chargé de chaînes. Comme l'hirondelle, il se laisse mourir en cage. Vous êtes encagés et vous n'êtes pas morts. C'est que votre plumage ressemble à votre ramage ! ! !

Les coursicoteurs !

Après les académiciens, dont tous les journaux publient les harangues, les coursicoteurs tiennent le haut du macadam. Les feuilles de Paris insèrent par an plusieurs milliers de colonnes sur les courses. Parmi ces contemporains, il est, dit-on, des hommes haut placés. J'aime à le croire, surtout quand ils sont à cheval. A coup sûr, s'ils descendent de Jupiter, ils ne sont pas sortis du front. J'en ai vu quelques échantillons sur le turf de Bade, les vieux habillés en maquignons, les jeunes en mignons, tous rudoyés, tutoyés par des charognes à figure de femme, dignes, elles, non de courir, mais de pourrir à Montfaucon. J'aurais honte de citer les conversations que j'ai entendues entre ces mâles blasonnés et ces femmes carillonnées. C'est en présence de pareils humains que *Montaigne* a dû dire : « Il y a plus de distance entre certains hommes qu'entre les hommes et les chevaux. »

Tacite, en flagellant son siècle coursicoteur, s'écrie : « Les enfants de ces sortes d'hommes paraissent avoir, avant de naître, l'amour des histrions, des gladiateurs et des chevaux. « (*Histrionalis favor et gladiatorum equorumque studia.* »

En effet, la bête conserve du moins sa noblesse de naissance. On n'a pas encore vu un cheval prendre les allures d'un âne pour plaire à une jument. Il apprend à ses poulains à courir, à travailler, à contribuer de leur mieux au bonheur universel. Mais que peuvent enseigner d'humain ces jokeys à leurs petits?

Qui donc à la fin fera lire à nos jeunes coursicoteurs l'histoire des coureurs de l'hippodrome de Byzance; de ces *Bleus*, de ces *Verts*, qui, paradant entre les cocottes de la veille et du lendemain, se coupaient mutuellement les nez et les queues, — ils n'avaient que cela, — et qui des courses sanglantes allaient aux orgies, aux conspirations, à toutes les horreurs, qui seules ont survécu à leurs noms maudits et oubliés!!

Ce n'est pas qu'il n'y ait parmi eux plusieurs individualités supérieures dont l'ambition vise plus haut et dont les noms retentissent en vedette dans nos chroniques. Elles m'ont fait penser à Alcibiade, qui se croyait un homme d'État, et qui, comme le fait observer Voltaire, n'a été qu'un faquin, fier de son exploit d'avoir séduit la femme d'Agis, son hôte et son protecteur, et qui, de là, est allé mourir stérilement à l'âge de quarante-quatre ans, brûlé sur le sein d'une courtisane.

Le règne des hétaïres a toujours été une époque de servitude. L'hétaïre ne pense pas, ne cause pas, ne réfléchit pas, ne raisonne pas. C'est une jument métamorphosée en femme, mais une jument qui rançonne les étalons et qui les met sur la paille les uns après les autres.

C'est la bête infernale de l'Apocalypse qui, les narines haletantes, la crinière hérissée, amène sur sa croupe le démon exterminant de son long glaive de feu tout ce qui est à sa portée. A Athènes, à Rome, à Constantinople, vers la décrépitude de ces cités, les courses ont été les plaisirs favoris des Laïs, des Sempronia et des Théodora. La course, en effet, est le seul spectacle qui n'émeut pas, qui ne provoque ni un sentiment, ni une pensée, ni une simple vibration de l'esprit ou de l'âme. La courtisane n'aime ni les vers, ni le chant, ni la tragédie, ni la comédie, ni la peinture, ni la sculpture, ni l'histoire, ni le roman, aucun plaisir qui rappelle à l'homme son origine divine et sa *liberté absolue pour le bien.* Il lui faut des distractions qui lui fassent oublier sa chute, qui ravalent les autres au-dessous d'elle. Elle aime le jeu avec passion, parce que le jeu de hasard enseigne une espèce de fatalité, l'*Anankè* de Hugo. D'instinct elle se dit : « Je suis comme la dame de pique, je subis ma destinée ; je ne suis pas vertueuse, mais nargue et *banco !* Il n'y a pas de loi, il n'y a pas de liberté, il n'y a que des cartes plus ou moins bien arrangées. » Quand ses valets de plaisirs, qui l'appellent maîtresse, tous inférieurs à elle, vantent un cheval pour son jarret, son garrot ou sa crinière, elle montre ses mollets, ses seins, ses cheveux, et se dit : « Admirez-moi donc, glorifiez-moi : je suis aussi finement sculptée, aussi vigoureusement entraînée que la jument que vous aimez. » Dès qu'un homme parle philosophie, beaux-arts, littérature, morale, elle le raille ou le quitte. C'est la courtisane reine de la jeunesse qui a créé les pièces à femmes, les jeux de hasard, les courses, et le petit journal croustillant, son thuriféraire. Elle daigne parfois témoigner sa reconnaissance par des faveurs qui ne sont pas toujours roses. Très souvent encore, le gandin journaliste, pour se faire pardonner cette faiblesse, mange de temps à autre du juif ou du libre penseur. « Tous ces porte-dieux, a dit Voltaire, tiendront à la rigueur la chandelle. » J'en ai vu baisant le talon des bottines de ces *putains*, après avoir jeté de la boue à la face d'un déiste. *Viennent des temps sérieux où il faudra des hommes, et la patrie ne trouvera que des Patouillets et des palefreniers !* Quant à nos trente mille fornicatrices, puissent-elles passer aux Prussiens ! C'est par cette seule infidélité qu'elles pourraient faire quelque bien, semblables aux Midianites se livrant aux Israélites. Ces malheureux heureux ont tous été voués à la mort, qui par le fer de l'ennemi, qui par la peste, — cela s'appelait la peste, — qui encore par les Pinéhas, qui, les lances sacrées en avant, s'en allaient à travers le camp les percer d'outre en outre, sur les calices mêmes de ces fleurs vénéneuses et morbifères !

Les Juifs.

Parmi mes contemporains, les juifs, certes, occupent un des premiers rangs. Depuis la mort de la République, ils sont, avec les saint-simoniens, à la tête du mouvement financier, industriel et commercial. Je sai que bon nombre d'entre eux, n'ayant rien appris et ayant tout oublié, n'aiment pas qu'on les distingue comme juifs. Ils sont citoyens français professant le culte israélite. Je l'ai cru moi-même pendant quelques années, mais c'est une erreur. Sauf une douzaine de philosophes, quelques francs-maçons instruits, je n'ai pas rencontré un seul Français qui ne soit imbu de préjugés à l'égard du juif. Il y a plus ! je maintiens, et au besoin je le prouverai, que depuis vingt ans, à mesure que la loi française a mis l'israélite sur le même rang que le chrétien, catholique et protestant, la haine du juif a augmenté de jour en jour et va toujours croissant, grâce à l'ultramontanisme, aux faux libérâtres, à la tartuferie littéraire, grâce surtout à quelques madators boursicoteurs ayant pris pour devise : *Mendaces fortuna juvat.* Il faut, en France, qu'un juif soit trois fois plus honnête qu'un chrétien pour qu'on lui reconnaisse de la probité. On l'accueille bien dans les académies, pourvu que, banal ou parqué dans une spécialité scientifique, il ne puisse exercer aucune influence sociale et directe. Philon, Maïmonide, Spinosa vivraient en France, leur philosophie, vraie ou fausse, serait de prime abord récusée comme entachée de judaïsme. Pour se faire connaître, il faudrait qu'ils fissent des opéras, des romans et des vaudevilles. Les Français du XIXe siècle se targuent tous d'un christianisme quelconque, tout en vivant comme des païens, sans foi ni loi.

Martyre de dix-huit siècles.

Bien des fois je me suis demandé d'où vient ce long martyre dix-huit fois séculaire des juifs? Ce n'est certes pas parce qu'ils ont tué un dieu qui se porte mieux que jamais. D'ailleurs, si Dieu s'est fait homme pour racheter par sa mort la malheureuse humanité, les juifs, instruments divins de cette rédemption, devraient être sacrés, rentés aux frais de cette même humanité. Sinon, ils ont commis un crime comme les chrétiens en ont commis par millions. Jésus, du reste, leur a pardonné, ce en quoi il a eu tort. C'étaient d'affreux gredins, de vrais jésuites !

Que les chrétiens dogmatiques cherchent à ramener les juifs à leur dogme par toutes sortes de raisons et de déraisons, rien de mieux. C'est peine perdue. Un vrai juif ne réfute jamais un chrétien. Il hoche la tête jusqu'à ce qu'on la lui coupe. Un jour un juif polonais m'a dit ceci : « On ne peut pas par *A* plus *B* prouver, comme les rayons droits d'un cercle, que Dieu est *un*, *deux* ou *trois*. Mais dès Abraham les juifs en ont pris le *minimum*. Ils ne seront jamais dépassés, car l'athée se croit un dieu lui-même. Autant d'athées, autant de Jupiters particuliers qui s'entr'égorgent comme des rongeurs. » Je conçois qu'un homme adorant un être chéri, divin ou non, soit jaloux et défende à autrui de toucher à l'idole. Mais qu'un amant prenne à la gorge tous ses rivaux, leur disant : « Vous adorerez ma divinité, ou je vous tue, » cela ne se voit que chez les fous et les chrétiens ! Il est vrai que, jusqu'à 1789, ce sont les chrétiens qui ont écrit l'histoire des juifs. Un jour, — c'est Rousseau qui fait cette observation, — les juifs écriront l'histoire des chrétiens ! Alors on verra que dans aucun temps, chez aucun peuple, il ne s'est trouvé autant de déraison, de dénis de justice, de mauvaise foi, de vices, de crimes, de servitude et de tyrannie que depuis le sixième siècle de l'ère chrétienne jusqu'à la renaissance des lettres grecques et hébraïques. On peut compter les hommes justes dans le vieux christianisme. Leurs grands martyrs sont tous juifs. La civilisation ne date que de l'ère des philosophes chrétiens, ère inaugurée par un juif : Spinosa.

La vérité est que, pendant les siècles calamiteux pour les juifs, le peuple chrétien n'était guère plus heureux. Il était serf, taillable et corvéable à merci. La même cause en vertu de laquelle le juif était pillé et brûlé, rivait les chaînes du malheureux prolétaire chrétien et lui arrachait son morceau de pain d'entre les dents. C'est que toutes les erreurs sont solidaires. La dogmatique chrétienne, telle que : le miracle, la grâce, la foi sans œuvre, le pardon du péché, y compris même le casuistique des pères jésuites, tout cela a jailli du *Talmud*, comme je l'ai prouvé, textes à l'appui, dans mon livre *Moïse et le Talmud*. Je défie les rabbins, les prêtres de toutes les religions, de réfuter un seul de ces textes. Le Talmud a existé avant l'Évangile, à côté de lui et après lui. Toute la dialectique de saint Paul est de Rabbi Saül.

Sauf l'abolition de la circoncision, qui n'est pas de Moïse, il n'y a changé qu'un mot. Au lieu de *Jéhovah*, que les pharisiens d'alors appelaient *le Saint*, il met *Jésus !*

Ce n'est pas le déicide que les juifs ont expié : les autres nations n'étaient pas précisément couchées sur des roses; mais le crime de *Raisoncide par le Talmud*, livre d'erreurs s'il en fut! Sauf quelques règles de sagesse proclamées par des rabbins ayant vécu avant Jésus, hormis encore quelques banalités hygiéniques, il n'est pas d'absurdité, pas de précepte d'esclavage, de tyrannie, de déraison, qui ne se trouve dans le Talmud. Ce sont des pharisiens, Ezra en tête, qui ont falsifié le *Pentateuque* de Moïse, d'après les principes de servitude qu'ils ont importés de la Perse et de la Chaldée.

Aussi longtemps que les gouvernements ne seront pas philosophes, que les uns enseigneront le *Talmud*, et les autres les principes du dogme antirationnel, il n'y a pas de salut matériel pour le juif, qu'il soit émancipé ou non. Il n'y a pas d'autre émancipation durable que celle qui affranchit de l'erreur. Quel est le principe du judaïsme rabbinique que les peuples doivent s'approprier pour leur bonheur? L'unité de Dieu? Qu'importe le nom si la chose est la même! Quelle est la doctrine sociale qui sépare le juif esraïque du chrétien? Ne croient-ils pas tous deux à la révélation en dehors de la raison, au miracle, au pardon du mal, à la grâce, à l'enfer? Seulement le juif s'était réservé le paradis et a mis le chrétien à l'enfer. Le chrétien, devenu le plus fort à son tour, expulse le juif et s'écrie: « Je trouve cette auberge à mon gré, j'y suis et j'y resterai. » L'égalité entre le juif et le chrétien n'existe que devant la religion unitaire de 89, la raison philosophique, sortie du mosaïsme pur, qui les renvoie dos à dos, l'un à Bethléem, l'autre à Charenton!!

Sic vos non vobis!

Puisque le sort du peuple juif est identique avec les principes religieux et sociaux de 89, voici les questions que j'ai à faire aux juifs français, mes compatriotes.

Ce n'est pas à vous, ouvriers, artisans, savants, négociants israélites, que je m'adresse. Depuis le jour de votre affranchissement social, vous avez fait des merveilles; et, bien que votre progrès intellectuel n'ait pas marché de front avec votre prospérité, nul peuple, après dix-huit siècles d'esclavage et de martyre, n'eût fait, n'eût pu faire ce que vous avez fait, pas même sous le rapport de l'instruction, surtout pas sous le rapport de la charité.

Mais la solidarité, reconnue ou non, a toujours existé pour tous les membres d'Israël. Toujours les meilleurs d'entre nous ont payé de leur fortune, parfois de leur vie, les prévarications, l'endurcissement, l'oubli des premiers devoirs des plus mauvais, et les plus mauvais d'entre nous ont toujours été les plus enrichis. Comme les sept vaches maigres dévorant leurs sept sœurs grasses, l'égoïsme, parfois les vices de nos croquants financiers, ont toujours annihilé, dévoré nos vertus et nos sacrifices. Ce sont, ce furent toujours eux qui, partout et toujours, ont attiré sur nous la haine et la persécution, si injustes qu'elles fussent. Ils ont toujours cru, parce qu'ils étaient devenus millionnaires, que tout était pour le mieux dans le meilleur des mondes; qu'il n'y avait plus rien à faire que de les glorifier. En temps de paix, soit indifférence, soit ignorance, ils se sont toujours opposés, grâce à leurs créatures rabbiniques, à toute réforme intérieure. Au jour de justice (Beyom Paked), comme dit Moïse, abandonnant leurs frères de principe, ils ont toujours, mais en vain, embrassé la religion du plus fort, c'est-à-dire de leurs persécuteurs. Duperie sanglante ! Solidarité de linceul qu'il faut déchirer ! A chacun ses œuvres ! Libre à vous d'endosser la responsabilité de ces ignares exploiteurs, allemands et portugais. Quant à moi, voici les questions que je leur adresse au nom de la Raison, au nom de la Justice, au nom du peuple français, au nom de l'humanité :

Qu'avez-vous fait depuis soixante ans pour le bonheur

du peuple qui vous a affranchis, qui, le premier, vous a tirés du ghetto pour vous élever au rôle de citoyens?

Avez-vous soutenu ces mêmes principes de raison et de liberté en vertu desquels vous devîntes des hommes, de serfs que vous étiez? Les avez-vous soutenus au risque de votre fortune, de votre vie?

Qu'avez-vous fait, je répète ma question, pour servir d'exemple aux autres pays? Sauf quelques rares exceptions dont je n'ai pas besoin de citer les noms, vous avez été les suppôts de toutes les réactions, de toutes les erreurs. Moi-même, hélas! croyant combattre pour l'ordre, je suis allé collaborer à un journal catholique, qui, il est vrai, affichait le culte de 89; véritable crime de lèse-vérité que j'expie toujours et à juste titre! Ou bien, nos trillionnaires juifs croient-ils que Voltaire et Rousseau ont vécu, que Mirabeau et Robespierre sont morts, que trois millions de Français ont sacrifié fortune et vie pour qu'eux et leur progéniture puissent agioter à la Bourse, faire courir leurs juments et leurs maîtresses, parader aux bals aristocratiques et promener leurs diamants aux eaux minérales de l'Europe!! Croient-ils qu'il suffise de donner par an trente mille kilos de pain aux... pauvres, et un peu aux journaux de Paris, pour mériter le titre de citoyens libres! Leur présomption va-t-elle si loin qu'ils se flattent d'avoir été élus par le Dieu d'Israël pour venger les anciennes victimes de l'Inquisition? Mais ces victimes, fanatiques talmudistes, si elles avaient eu le pouvoir séculier, si leurs descendants l'avaiênt aujourd'hui même, nul libre penseur ne serait sûr de son existence. Quand donc les Juifs français ont-ils proclamé solennellement les principes nécessaires au progrès, en vertu desquels ils existent? Quel est le sacrifice, si mince qu'il soit, qu'ils ont fait à ce principe? Si demain les plus riches d'entre eux, dans un tremblement de terre, disparaissaient subitement, eux, leurs familles, leurs palais et leurs millions, *quelle lacune laisseraient-ils en France, quels re-*

grets laisseraient-ils au peuple? Où sont les monuments de leur grandeur, de leur esprit, de leur dévouement au progrès et à la liberté? *A quoi* sert à l'humanité *leur émancipation?* Ils sont comme les autres, diront-ils, eux et leurs thuriféraires. Oh que non!

Ils savent très bien que tous les juifs sont solidaires, pour le mal surtout; que les meilleurs d'entre eux ont toujours payé pour les plus mauvais! Quand un juif converti fait quelque bien, on dit: « Il ne s'est pas converti pour rien. » Quand il commet un délit, car le crime est rare chez les juifs, le chrétien s'écrie: « Cela ne m'étonne pas, il est toujours juif. » Le chrétien, c'est l'injustice faite homme; mais il n'est que le fils naturel du pharisien, qui traite ainsi tout philosophe, tout homme qui lui prêche des devoirs aux dépens de ses intérêts.

Le réveil.

« Qu'est-ce que tout cela nous fait, s'écrieront les juifs-bornes, et que nous veut cet homme d'un autre siècle, d'un autre monde? Nous sommes émancipés, nous sommes citoyens français. Le passé est passé. Jamais le progrès ne recule. Il est continu, Thiers l'a dit. Jamais plus gouvernement ne pourra faire passer une loi d'exclusion et d'expulsion contre un certain nombre de citoyens, parce qu'ils professent le culte israélite ou protestant. » Plût à Dieu que cela fût vrai! mais cela ne l'est pas. *Le progrès n'est nullement forcé, nullement continu. Il recule, il s'éclipse partout où les hommes, par leurs efforts, par leurs vertus, par leurs sacrifices, n'ont pas su le retenir. Quiconque manque à ses devoirs perd partout et en tout temps ses droits.*

Les juifs espagnols, parfaitement émancipés, ont tenu le même langage. Un des leurs, et des meilleurs, *Abarbanel,* était ministre. Il causait avec le roi pendant qu'Isabelle la Catholique, dans un cabinet contigu, signait le décret de spoliation et d'expulsion. Si le peuple espagnol eût pu voir un instant dans les juifs d'alors les défenseurs spirituels de ses libertés, les tuteurs de ses intérêts, il n'eût pas regardé d'un œil sec les livrer à l'Inquisition, car il n'a nullement profité de leurs dépouilles. Pourtant les juifs espagnols avaient créé, comme les nôtres, des établissements de crédit et de commerce international; mais il étaient riches, *et ils n'étaient que cela.* Jamais l'*Avoir* ne remplacera l'*Être*, ni n'en tiendra lieu ! Le juif est supérieur aux peuples de l'Occident par sa facilité de compréhension, par sa frugalité, par son esprit d'ordre. Il n'est nullement avare. Jamais juif ne refuse le nécessaire, ni à lui ni à autrui. Même dans le désordre le juif met de l'ordre. S'il entretient une femme, il lui apprend à user de la vie avec modération, à songer à l'avenir ! Le juif devient donc facilement riche... Mais, dans l'ordre divin, le riche n'existe que pour le pauvre, le fort pour le faible, le génie pour les simples d'esprit, le grand pour le petit, le jeune pour le vieux. Nul n'existe pour soi. C'est là une des grandes lois de Moïse, qui proclame la solidarité même entre hommes, bêtes et plantes. Le Talmud, il est vrai, prêche le contraire. Tout au plus admet-il la solidarité des juifs. L'endurcissement du juif vient du Talmud et des rabbins. Si le juif a des dons supérieurs, il ne les a que pour les faire fructifier au profit de ceux qui en sont déshérités. Si les grands font leur devoir envers les petits, les petits, le jour du danger, feront le leur envers les grands. Autrement, si grands qu'ils soient, ils seront abaissés ! Que, par des principes professés, propagés à leurs frais, à leurs risques et périls; que, par des établissements nationaux de bienfaisance, des institutions d'instruction gratuite; que, par des actes de civisme, les juifs fassent comprendre à la nation française, à toutes les nations, qu'ils sont au premier rang, fût-ce le rang des sentinelles perdues, pour défendre le progrès, la raison, la liberté, la fraternité, je défie le tyran le plus fanatique de toucher à un de leurs cheveux ! Mais, s'ils croient que des peuples philosophes ont fait des guerres de trois siècles pour qu'une centaine de familles juives nagent et barbotent dans des millions, fussent-ils gagnés ailleurs qu'à la Bourse, leur réveil sera sanglant ! Certes, aussi longtemps que vivra Napoléon III ils n'ont rien à craindre. Les racines spirituelles de l'Empereur confinent encore au dix-huitième siècle. Mais César et Auguste aussi ont accordé aux juifs les droits de la cité. Cela n'a pas empêché leurs successeurs de leur faire une guerre d'extermination.

Oyez et voyez.

Déjà à nos talons crépitent les papilles venimeuses des serpents noirs rampant sous les herbes, sous les fleurs, sous les tapis, partout. Des figures sombres nous menacent du regard, des calomnies de sang surgissent de temps à autre, comme au moyen âge. On canonise l'Inquisition. Des insinuation saupoudrées de béates envies se glissent dans la petite et dans la grande presse. Si en 1889 un gouvernement quelconque signait un décret de spoliation et d'expulsion contre les juifs, nous ne trouverions pas six journalistes risquant un avertissement pour notre défense. C'est dira-t-on contre le droit des gens ! Soit ! Mais quand donc avez-vous voué un seul petit million pour la défence de ce droit ? Où donc sont les sacrifices d'argent, d'esprit, de talent et d'hommes, que vous avez faits pour le protéger ? Où sont les *Hôtels*, les *Villages d'invalides civils* que vous avez créés pour que le peuple, vous devant une vieillesse assurée, prenne votre défense ? Où sont les *Écoles*, les *Hôpitaux*, les *Journaux*, les *Institutions de bien*, fruits de vos centaines de millions dont vous n'êtes que les dépositaires ?

Où sont les organes intellectuels fondés par des Crésus juifs, sinon dans un but de finance? Qui d'entre eux a risqué quelques billets de mille francs pour la défense d'un droit, pour la glorification d'un principe de progrès? Les deux grands journaux de Paris appartenant à des juifs, *la Presse* et *la France*, défendent les dogmes de Rome et ce qui s'ensuit. *Le Constitutionnel* et *le Pays*, du temps qu'ils dépendaient de Mirès et de Solar, étaient d'enragés ultramontains. Un seul, M. Samuel Cahen, élevé en Allemagne, a travaillé à la sueur de son front au service du progrès. Il a fondé des écoles, il a traduit la Bible en français, il a créé un journal antitalmudique. Eh bien, sans le gouvernement il serait mort de faim ! Il n'a jamais pu être élu membre du consistoire. Ce consistoire est composé de rentiers, de négociants, de commissionnaires, de boursiers, de maquignons, tous, sans doute, d'honnêtes citoyens, mais nuls comme moteurs ou remorqueurs de progrès. Il est émaillé encore d'un ou de deux savants à pans coupés, ménageant la chèvre, le choux et la carotte, incapables d'entreprendre la moindre des réformes, sans compter que tout le consistoire est inféodé à une seule famille orthodoxe, dont il payera tôt ou tard non les dividendes, mais les actions.

Où est enfin la *dîme* prélevée de droit par Moïse sur le riche juif, vouée au bonheur matériel du pauvre? Où sont vos martyrs modernes de cet éternel et imprescriptible droit de l'opprimé contre l'oppresseur ? Ce ne sont certes pas vos rabbinots, vivant par et pour le Tamuld, ce livre d'esclavage et d'abrutissement ; ni vos financiers titrés, ni vos actrices cocotées, ni vos savants décorés (1) !

(1) Quand on pense que tout cela a été écrit en 1863, où il n'y avait pas encore trace de l'antisémitisme. Je n'espérais pas être si bon prophète.

Le justicier.

Je connais d'avance les réponses banales et injurieuses que l'on me fera.

Je sais bien qu'en me lisant, moi qui ne veux rien être, ni chez vous, ni ailleurs, qui mourrai vierge de titres, de décorations et de pensions, qui dès l'âge de treize ans ai vécu libre et indépendant, grâce à ma volonté, à mon travail, à ma raison, grâce encore à la ferme résolution de me priver de manger plutôt que de l'indépendance de ma pensée; qui après Dieu, ma femme et ma patrie, ne dois rien à personne, je sais, dis-je, qu'en me lisant vous me maudissez.

Mais apprenez que loin d'être votre justiciable, je suis votre justicier. Comme Isaïe, je prophétise aux Assyriens et je dis la vérité à mon peuple. Loin de cacher vos plaies, couvertes de velours et de soie, je les remue à vif pour signaler les parties gangrenées à retrancher. Il en est temps encore. Peu importe votre opinion sur moi : autant en emporte le vent; Mais mon jugement sur vous, quoi que vous en pensiez, portera son fruit: salutaire si vous le mettez à profit, calamiteux si vous le dédaignez. Je ne puis pas, Dieu lui-même ne saurait faire que les causes ne produisent pas leurs effets, que le manquement aux devoirs n'engendre pas la privation des droits. Tout ce que je puis vous promettre, c'est de me présenter au jour du danger comme première victime. Comme jadis le prophète, les pieds déchirés par les ronces, le front couvert de cendres j'irais, aux jours de malheur, larmoyer avec vous de nouvelles *lamentations* sur l'éternel endurcissement de ce peuple, qui a eu la vérité en partage, et qui l'a toujours laissé étouffer par des prêtres et des castes !!!

« *Le salut vient des juifs*, » a dit l'Évangile. Oui, quand ils seront juifs d'après l'esprit, et non d'après la lettre; quand ils comprendront qu'ils sont l'avant-garde de la Raison religieuse; quand, loin de songer à se reposer, à s'arrondir, à bâtir des palais, ils seront prêts à sacrifier tout, esprit, fortune, travail et vie, pour hâter l'avènement du règne universel de Dieu, prédit par Moïse, Salomon, Isaïe, Jésus, Platon, Philon, Descartes, Spinosa, Newton, Fénelon, Montesquieu, Molière, Voltaire et Rousseau ; règne de raison, de liberté, de solidarité, où toutes les nations n'auront qu'un Dieu, qu'un cœur, qu'une patrie et qu'un nom !!!

A mes contemporains.

La génération actuelle n'est pas la plus coupable. Elle n'a pas jailli du roc, elle n'est pas venue sous des feuilles de chou. Elle est notre chair et notre sang, faite à notre image. Elle a sucé nos erreurs comme du lait maternel. Si ses principes sont scrofuleux, c'est que nos doctrines sont syphilitiques. Nos aïeux, nos pères, nous ont laissé l'héritage le plus divin qui fut jamais. Nous l'avons niaisement, ennuyeusement gaspillé. Le dernier reste est tombé de nos mains débiles. La liberté sur laquelle nos pères ont veillé jour et nuit comme des chiens de garde, pour laquelle ils sont morts, pour laquelle ils ont su vivre (la mort est plus facile que la vie), qu'en avons-nous fait ? On nous l'a arrachée comme à des enfants étourdis, comme à des vieillards indignes. La retrouverez-vous jamais ? Je l'espère ! (1) Vous avez beau faire courir après elle par

(1) Voici ce que dit de la liberté un des esprits les plus forts et les plus virils du XVIIIe siècle : Mme Roland.

« La liberté, — elle est pour les âmes fières qui méprisent la mort et savent à propos la donner. Elle n'est pas pour les hommes faibles qui temporisent avec le crime, en couvrant du nom de prudence leur égoïsme et leur lâcheté. Elle n'est pas pour les hommes corrompus, qui sortent du lit de la débauche

vos nombreux déduits, vos traqueurs de gloire, la liberté n'est pas une courtisane. C'est une muse, qui ne se donne ni ne se vend. Il faut savoir brûler pour elle, mériter sa divine présence par des actes de grandeur, de vaillance et de vertu! il faut, en un mot, avoir foi en elle. Jamais chrétien ni athée ne fut libre une heure. L'homme n'est libre que par l'immutabilité de la loi de Dieu. A quoi sert la liberté d'option de l'homme, si de chacune de ses actions l'effet peut être détourné de sa cause, si l'on admet une minute seulement la fatalité, la grâce ou bien le pardon ? Soyez chrétiens, athées même, libre à vous ! Mais ne prononcez jamais le mot de liberté !

Vous avez compromis jusqu'à la parole, à laquelle, grâce à vous, on a donné le sobriquet de parlementarisme. C'est qu'en effet votre éloquence ne fut jamais qu'un parlottage. Il n'est point d'autre éloquence que l'indignation contre le mal jusqu'au délire et l'admiration du bien jusqu'à l'exaltation. Votre talent s'est borné à plaidoyer pour vos erreurs, vos faiblesses et vos indulgences. Vous vous croyez bons, hélas ! vous n'êtes que faibles. Comme l'enfer, vous êtes pavés des meilleures intentions. Vous êtes les courtisans de l'erreur, au nom de la liberté. La courtisane ne fait pas autre chose : elle se dit *femme libre*.

La vertu, d'élément vital qu'elle est, est devenue, grâce à vous, un objet de luxe. Vous la trouvez encore belle, mais peu utile. Comme s'il y avait quelque chose de beau qui ne fût utile ! Dieu lui-même n'existerait pas s'il n'était pas utile à ses créatures. Et tout ce

ou de la fange de la misère pour s'abreuver dans le sang qui ruisselle des échafauds. Elle est pour le peuple sage, vertueux. Elle chérit l'humanité, pratique la justice, méprise ses flatteurs et respecte la vérité ! Tant que vous ne serez pas un tel peuple, mes concitoyens, vous parlerez vainement de la liberté ! Vous demanderez du pain, on vous donnera des cadavres, et vous finirez toujours par être asservis ! »

qui est utile est beau ou le devient. Rien de plus laid qu'une locomotive. Que de son panache elle enlève des centaines de wagons, et la voilà divinement belle. Qu'un égoutier travaille pour nourrir un orphelin, qui donc oserait le trouver laid? La vertu n'est belle que parce qu'elle est de la première nécessité sociale.

Tout ce que vous avez soutenu est tombé, tout tombera ce que vous soutiendrez. Vous ne soutenez que l'erreur et vous ne défendez que l'indulgence pour le mal. Hélas! on ne connaît son devoir qu'en connaissant la vérité!

Vos enfants que je coudoie, auxquels vous avez prodigué tous les biens spirituels, vous maudiront. Vous comptez bien leur laisser de grands biens matériels: autant conserver un corps sans air. La vérité spirituelle, c'est l'air de la vie matérielle. Nul bien terrestre ne se conserve en dehors du vrai idéal, pas même l'amour!

La prospérité matérielle d'aujourd'hui est le fruit du principe de 89, qui, loin d'être indifférent en matière de religion, a proclamé Dieu UN, immuable, et l'homme libre, créant son bonheur par la Justice et son malheur par l'Iniquité. Toutes les inventions modernes, la vapeur, le chemin de fer, le télégraphe et jusqu'aux allumettes chimiques, sont dues à l'affranchissement des esprits, à l'égalité de toutes les volontés, à l'épanouissement de toutes les forces. L'humanité posséderait il y a longtemps ces forces, et bien d'autres encore, si par les violences des humains, qu'elle tolère dans l'espoir qu'elles seront pardonnées, bien qu'elles ne le soient jamais, elle ne tombait pas toujours d'erreur en erreur, de guerre en guerre, de misère en misère.

Pendant douze siècles de barbarie du moyen âge, l'humanité ne s'est pas enrichie d'une seule invention. Dès qu'au XIIIe siècle de grands esprits se sont approchés, en Italie, en Angleterre, en Allemagne, de la vérité philosophique, opposant leur vie à l'intolérance de l'erreur, elle a trouvé l'imprimerie, l'horlogerie, les lunettes d'approche et la poudre. Avec les jésuites et l'inquisition, une longue nuit de guerres et de misère s'est de nouveau étendue pendant deux siècles sur l'Europe. Le progrès de l'humanité, depuis Moïse Prométhée et Socrate jusqu'à nos jours, ne consiste que dans l'affirmation de la vérité philosophique opposée, au nom de la Raison venant de Dieu, aux erreurs d'un dogme antirationnel, inventé par des prêtres intéressés. A la première lueur de cette vérité apparaît la prospérité! Avec l'erreur intellectuelle le bien-être matériel s'amoindrit et finit par disparaître dans une nuit de calamités.

Jamais iniquité sortie de l'erreur ne fut pardonnée! Jamais violence ne resta invengée! A peine la France intellectuelle du XIXe siècle, coquetant avec le passé, a-t-elle renié la vérité religieuse de 89, et déjà l'Europe est couverte d'iniquités sociales, d'injustices nationales, de crimes politiques. *Tôt ou tard, ces injustices, ces iniquités, ces violences nées de nos défaillances intellectuelles, de nos couardises corporelles, se lèveront comme de monstrueux serpents et cracheront sur nous la guerre, l'esclavage et la misère!*

. . . .
. . . .
. . . .

Je sens que comme l'abeille je laisse mon dard dans la piqûre. Mais peu importe ma vie! Quant à la vôtre, si précieuse, elle peut vous servir encore à reconnaître vos erreurs! Mais hâtez-vous! Car si par malheur vous mouriez, — il se pourrait bien que vous fussiez morts.

APPENDICE

DE

MIL HUIT CENT QUATRE-VINGT-DIX

Il y a aujourd'hui vingt-six et même vingt-sept ans que j'ai écrit ce pamphlet, sous le titre : *Mes Contemporains*, et c'est par un pur hasard qu'un ami, l'ayant trouvé sur le quai, m'écrit avoir cru, en le lisant, qu'il venait de paraître. Si je posais pour la modestie, qui pour bien des personnes est une effronterie, je dirais que je ne savais pas en 1864 que j'étais si bon prophète; mais, hélas! je mentirais! Je savais très bien, grâce à mes études historiques, sous le point de vue philosophique des principes mosaïstes purs, en remontant partout des effets matériels aux causes spirituelles (et il n'y a pas de chair, selon l'expression biblique, qui ne sorte d'un verbe); je savais très bien que les erreurs spirituelles, régnant depuis 1830 en idoles adorées, professées, prêchées par tous les écrivains et hommes d'État de France, depuis le doctrinaire au pouvoir et à l'université jusqu'au dernier gazettier des coulisses théâtrales, étaient grosses d'horreurs matérielles, qu'aucun pouvoir, ni divin, ni humain, ne pourrait empêcher d'accoucher, à moins de les anéantir, pas plus qu'on ne saurait empêcher une femme grosse d'accoucher de son enfant mort ou vif, et que des esprits scrofulés ne pourraient engendrer que des corps gangrénés. La décadence d'un pays ne remonte jamais de bas en haut, elle descend de la dépravation des esprits en haut sur les corps d'en bas. Les malheurs d'un peuple, comme ceux des individus, sont les conséquences inéluctables de ses vices et de ses crimes tolérés et glorifiés, et ses vices et ses crimes sont toujours les conséquences forcées de ses erreurs spirituelles qu'il professe comme des vérités divines. Ce n'est pas pour plaire à Yéhovah que Moïse a fulminé contre les dieux idoles. « Qu'est-ce que cela peut faire à Dieu, dit-il ironiquement à son peuple, que tu l'adores ou non ? » Mais l'idolâtrie, avec ses dieux supérieurs et inférieurs, avec ses différentes forces subordonnées les unes aux autres sans raison et sans justice, est la source céleste d'une société terrestre avec le despotisme en haut et l'esclavage en bas ; avec la fatalité, niant la liberté de l'homme de créer son bonheur par la vérité et son malheur par le mensonge ! Ce n'est que par le principe d'un seul créateur que tous les êtres créés sont égaux devant lui ! Et ce n'est qu'avec un Dieu-Justice *qui ne pardonne, ni ne fait un miracle pour détacher un effet de sa cause*, ne changeant jamais l'effet du mal en bien, ni celui du bien en mal, que l'homme ou la société humaine est libre ; libre pour être soi-même l'artisan, ou de son bonheur par la justice, ou de son malheur par l'iniquité. Moïse est le seul législateur philosophe qui promette à son peuple toutes les félicités de la terre, même la victoire sur des ennemis corrompus, en cas d'obéissance à ses lois, et qui n'exige de l'homme pour fonder son bonheur que la vertu (justice volontaire) et la justice (vertu forcée). Le seul encore qui menace ce même peuple de toutes les calamités politiques et sociales en cas de violation de ces lois, attendu que Dieu, la Justice absolue, ne pardonne ni n'annihile jamais une action, ne détachant jamais l'effet de sa cause et laissant toujours au *Temps*, son seul justicier, le loisir de couver l'action de l'homme pour en faire sortir au bout de vingt ans, soit le bonheur, soit le malheur ! Et toute l'histoire humaine vient à l'appui de cette vérité absolue.

Aussi les prophètes mosaïstes seuls ont-ils pu prophétiser et annoncer les événements futurs, selon les vérités ou les erreurs spirituelles adoptées pour règle de conduite des peuples. Dès le second Temple et la falsification de la loi de Moïse par Esra, qui y a introduit le pardon et le miracle, avec un Jéhovah-Homme et un sous-dieu du mal au désert (le diable des chrétiens), il n'y a plus eu un seul prophète. Du moment que l'homme croit qu'il existe un pouvoir suprême qui puisse pardonner, c'est-à-dire annihiler son crime, il nie la logique forcée des causes et des effets. Mon Dieu, se dit-il, m'aime, puisqu'il m'a donné la force. Je puis en toute sûreté exploiter tous les êtres faibles, les traiter comme mes esclaves, et si un jour j'ai des remords, ce dont je doute, je prierai mon Dieu, tout de bonté et d'amour, de me pardonner ! Hélas! qu'on croie ou non au Yéhovah de Moïse, qu'on le mette hors du train ou en tête du train, *jamais crime ne fut pardonné!*

Il n'y a d'autres miracles que les effets extraordinaires jaillissant des causes souvent oubliées par des hommes, et qui fondent sur les peuples comme des trombes. Le Dieu-Justice de Moïse seul a toujours gouverné et gouvernera toujours tous les mondes! Et tous ces billets de pardon et de miracle ne furent ni ne seront jamais que des billets à la Châtre.

Ayant reconnu les erreurs de la France intellectuelle depuis 1830, il m'a été facile, selon la doctrine philosophique de Moïse, de prédire les malheurs de 1870.

Reste à savoir si ces malheurs, de vrais avertissements divins en lettres de feu et de sang, ont servi à quelque chose ! Si ces mêmes erreurs spirituelles, au lieu d'être reconnues fausses, au lieu d'être écartées comme de vraies boites de Pandore, ne continuent pas de régner en souveraines maîtresses en France et même en Europe! Si ces mêmes erreurs, au lieu d'avoir été les idoles des classes supérieures, ne sont pas devenues les fétiches des classes inférieures?

En ce cas, les événements futurs sont faciles à prédire?

Reste à savoir si les admirateurs de *Nana*, de *Pot Bouille*, de *Catherine*, de *Flore* et de *Séverine*, ainsi que de *Boule-de-Suif* et de *Mme de Moraines*, même de *Sapho* et de *Théodora*, toutes nimbées comme œuvres de premier ordre, et dont nombre de journaux populaires mendient l'honneur de les reproduire, seront plus vaillants, plus patriotes, plus décidés à vaincre ou à mourir jusqu'au dernier homme, à la prochaine guerre, que les cent soixante-quinze mille Français à Metz, dont les aînés étaient des fidèles d'*Hernani*, de *Ruy Blas*, d'*Antony*, de *Leona Leoni* et de *Mlle de Maupin*, dont les cadets étaient les bâtards de la *Dame aux Camélias* et de *Mme Bovary*, couronnés de lauriers par la critique des premiers journaux de Paris comme chefs-d'œuvre nationaux, flanqués et même commandés par des élèves du *Sacré-Cœur masculin*, et qui, sur une parole de deux traîtres, au lieu de leur brûler la cervelle, ont livré à l'ennemi leurs épées, leurs canons, leurs drapeaux et leurs corps, sans faire la moindre tentative de résistance ; lâcheté monstrueuse *dont il n'y a pas d'exemple dans l'histoire humaine depuis la création du monde*, parce que depuis la création du monde il n'y a eu chez aucun peuple une littérature si gorgée, si grosse d'erreurs immorales, vomissant matin et soir sur le peuple des caillots d'ordure, de crapule et de poison syphilitique, en un mot, si infâmement antipatriotique, antihumaine et antidivine que la littérature française du roman et de théâtre depuis quarante ans, en descendant des *Bouffes* jusqu'à l'*Odéon* et aux *Français*, deux scènes stipendiées par l'État.

On s'étonne qu'il n'y ait plus d'enfants en France ! Ce qu'il y a de vraiment étonnant, c'est qu'après une littérature pareille, le pain quotidien spirituel du peuple, saupoudré de sucre et de cumin par la critique-réclame, il y ait encore, en France, une jolie jeune fille, *solide de poitrine,* qui ne préfère les amours dorées et glorifiées d'une Marguerite Gautier couronnée de roses par l'auteur et de lauriers par nos experts ès littérature, ainsi que par l'Académie, à la fois sacristie et maison de passe, à la vie pénible d'une honnête ouvrière.

Qu'il y ait encore une jolie jeune femme mariée, qui ne préfère les chevauchées à cheval ou en fiacre d'Emma Bovary, ou bien même les stations ou les boxes d'amour d'une Mme de Moraines, aux pénibles devoirs mésestimés, parfois même nargués, d'une honnête femme enceinte ou nourrice, sachant très bien que l'empoisonnement d'Emma n'était qu'un placage ajouté par l'auteur. J'en connais même qui n'ont jamais empoisonné que leurs stupides admirateurs.

Reste à savoir, je le répète, si les cent soixante-quinze mille jeunes Français à Metz étaient pires et moins vaillants que ne le seront les futurs élèves de tous les héros et de toutes les héroïnes de nos innombrables romans feuilletons à des millions de lecteurs et de lectrices et des pièces de théâtre à cent représentations, tous, champignons *vénéneux* d'une seule nuit, tous, fruits empoisonnés de la propriété littéraire, telle qu'elle existe, qui ramènera l'Europe aux ténèbres de l'Égypte, ne créant que des milliers de souteneurs et de laquais de lettres, n'écrivant plus que pour d'autres laquais et d'autres souteneurs, et qui étouffera de son gaz méphitique tout écrivain de génie indépendant, sincère envers lui et ses principes, allant, comme dit Fénelon, jusqu'au bout de sa raison, la raison ne se monnoyant pas. Toute œuvre pensée et écrite pour gagner de l'argent est maudite, malfaisante et éphémère ! Tout écrivain qui travaille en vue de plaire à la masse, et quelle masse ! (Catins, Crottins et Crétins), dont il faut flatter les erreurs, les travers et les vices pour qu'elle vous paye, ou qu'elle vous décore, au lieu d'être un arbitre n'est qu'un pitre ! Aussi la littérature, haute et basse, n'est-elle plus qu'une foire. Il n'y a plus que des forains de lettres plus ou moins richement décorés, avec plus ou moins de trompettes et de grosses caisses! Et il n'est vraiment pas difficile de prédire l'avenir qu'ils préparent à leur pays et à l'Europe; attendu que tout verbe devient chair, et que toute erreur est grosse d'une horreur, attendu qu'on ne gagne pas de batailles par la *quantité* mais par la *qualité* des soldats et de leurs chefs (1).

Je cherche des hommes de salut pour m'y cramponner et chanter leur éloge, et je ne trouve que des discours, des centaines, des milliers de discours! Rien que des mots et des phrases!

D'ailleurs, comme je le crie depuis trente ans dans tous mes écrits, toutes ces réformes partielles, toutes ces propositions, toutes ces enquêtes, ces rapports, ces discours sur la question sociale sont autant de béquets

(1) Le comble de l'ignoble, de l'odieux, du cœur léger, que dis-je! de toute absence de cœur, de sentiment patriotique et de toute vergogne nationale, c'est qu'il se soit trouvé en France, après les désastres sans exemple de 1870, des citoyens qui ont osé remonter sur la scène la *Grande Duchesse*, non seulement en province, aux stations balnéaires, mais à Paris même, et qu'il y ait eu des Français par milliers qui sont allés revoir cette caricature de lugubre prophétie *et qui y ont ri*, sans jeter au septième dessous et le directeur, et le régisseur, et les acteurs, et sans détruire de fond en comble la scène où se représentait une telle infamie patriotique. Mais, misérables aveugles que vous êtes, tous les généraux français de 1870 étaient des généraux *Boum* et la *Grande Duchesse*, c'était à ne pas s'y méprendre, Mlle Montijo, devenue impératrice des Français, et dont toute la nation, sauf quelques républicains, ont accepté chaque coup d'éventail, chaque mouvement de crinoline comme un ordre du Sinaï. Le général Uhrich enterré sous la citadelle de Strasbourg et que nous avons vu à Paris tout chamarré de croix, s'appelait *Boum!*

Le général Trochu avec son plan, *Boum!* Le général Ducrot avec sa devise : « Je ne rentrerai à Paris que vainqueur ou mort! » *Boum!* Le maréchal Mac-Mahon qui envoie le général Douay avec *six* mille hommes en avant-garde à Wissembourg, ignorant que le prince royal se trouvait devant les portes de la ville avec

neufs emportant le vieux vêtement. La République elle-même n'est qu'un mensonge, qu'un simulacre, aussi longtemps qu'elle n'assurera pas à chaque homme et à chaque femme, ayant travaillé honnêtement jusqu'à l'âge de soixante ans sans dossier, dans n'importe quelle branche du travail social, une rente de cinq cents francs pour leurs vieux jours! Et rien ne serait plus facile! Il ne faudrait que de la volonté et de l'initiative! On n'aurait qu'à prélever dix pour cent de chaque héritage au-dessus de cinq cent mille francs, qu'à abolir tout héritage collatéral, à ne laisser aux époux sans enfants que la disposition testamentaire pour un quart de leur fortune, et qu'à patenter le commerce et l'industrie sur le chiffre des affaires, en dégrevant les petits et en grevant les gros. Le lendemain de l'établissement d'*Invalides civils*, toutes les questions sociales qui divisent

quarante mille hommes et qui engage la bataille de Reichshoffen sans donner le moindre ordre au général de Failly à dix lieues de là, à Bitche, avec quinze mille hommes, *Boum!* Le général Douay, qui joue au billard pendant que deux juifs lui annoncent les Bavarois au Geisberg et qui ne les écoute que lorsqu'une balle entre au café, *Boum!* (*) Celui-là, du moins, a courageusement expié sa légèreté! Le général de Failly, qui voulait être nommé général en chef et qui ne bougeait pas de Bitche, pendant la bataille de Reichshoffen, *Boum!* Le général Froissard, qui à Saarbruck fait ramasser une balle morte au fils de la *Grande Duchesse*, en annonçant une grande victoire, sans se douter que le gros de l'armée ennemie est derrière lui, *Boum!* Et que dire des cent soixante-quinze mille *Boum Boum* de Metz déjà cités! Et qu'est-ce donc que l'Empereur qui, au lieu de se faire tuer sur le champ de bataille à Sedan (ce qui aurait peut-être sauvé sa dynastie), rend son épée et se déclare *boummement* prisonnier du roi de Prusse, qu'un triple général *Boum?*

Sarcey, à qui j'avais écrit cela, prétend que les pièces d'Offenbach n'empêcheront pas la revanche et qu'on peut très bien rire en se réhabilitant. C'est littéralement la poutre aux yeux des insensés dont parle le prophète et qui se moquent des fétus dans les yeux de l'ennemi. J'ai bien peur, au train que vont nos rieurs, que nous ne soyons pas les derniers à rire!

(*) Je tiens ce fait de deux habitants de Wissembourg.

la nation se dissoudront toutes seules. On les verrait, comme autant de vieilles torches incendiaires crépiter et flamboyer dans le feu du grand âtre où mijote le paisible pot-au-feu! La question de la dépopulation n'existerait plus. L'État ne doit que de l'instruction à l'enfance, un morceau de pain assuré à la vieillesse, un hôpital au malade, une maison de retraite à l'infirme, et quant au travailleur valide, ce n'est pas le Droit au travail, mais le Devoir forcé au travail qu'il lui faut! Et pas de paix possible sans ces Établissements! Et ces Établissements proclamés et exécutés, l'Europe entière voudrait être française! Mais pour cela, je le répète, il faudrait un homme, non pas un athée, l'athée fut, est ou sera un gredin; non pas un chrétien dogmatique, ce n'est la plupart du temps qu'un crétin, mais un homme croyant fermement en Dieu, comme nos héros immortels de Quatre-vingt-neuf, ne travaillant que pour le Dieu de Justice et pour la gloire du pays; car sans Dieu il n'y a pas de patrie! L'homme, seul être qui marche debout, n'a d'appui ferme sur la terre que quand son front touche au ciel, pour s'y arc-bouter!

Reste à savoir si la loi sur l'instruction supérieure ou inférieure, car toute l'Université est athée ou positiviste, avec toutes les soi-disant réformes, ressemblant à des changements de position d'un malade criblé de plaies, a régénéré l'esprit français, en remontant aux vérités éternelles proclamées par tous les hommes de génie de la pensée humaine, depuis Moïse jusqu'à Rousseau, et n'a abouti qu'à faire d'un bigle un aveugle et d'un boiteux un paralytique. Car remplacer l'idolâtrie catholique par l'athéisme, c'est remplacer le sombre crépuscule neigeux et pluvieux par la nuit noire sans étoiles! Croire qu'il existe un pouvoir qui pardonne et fait des miracles, ou nier toute force autonome créatrice qui s'appelle Dieu ou Justice, c'est absolument la même chose pour les effets politiques et sociaux qui en jaillissent infailliblement.

Qu'est-ce au fond que le Boulangisme? C'est l'athéisme faisant une alliance avec le catholicisme. Le mensonge épousant la fraude. La grande partie des prosélytes catholiques se font parmi les athées, les sauvages, parfois chez les bouddhistes. Jamais juif ou musulman déiste ne se convertira à l'idolâtrie catholique : il mourrait plutôt! Mais l'athée, ne croyant qu'à la force et n'ayant d'autre but dans la vie que son intérêt et son ambition, aux dépens de son prochain plus faible que lui, ce prochain, fût-il son concitoyen ou son parent, accepte n'importe quelle religion, pour peu que cette religion cadre dans son intérêt et satisfasse son ambition! Et la religion catholique est la plus commode pour la pratiquer sans y croire. On n'a plus besoin de pensée ni de volonté. On peut tout faire et laisser faire. On a un intendant spirituel, vrai chambellan de Dieu, qui pense pour vous, qui vous conseille et qui, quand vous avez fait une faute, commis même un crime, vous promet et vous assure votre pardon, moyennant prières et épices, pourvu que l'on haïsse ses ennemis, qui lui disputent le pouvoir absolu sur les âmes et sur les biens de ses sujets abrutis et hébétés. Aussi presque tous les athées meurent-ils munis du passeport d'un curé. Cette conversion est, il est vrai, un dernier mensonge; mais qu'est-ce qu'un mensonge pour un athée? Une ruse pour être le plus fort. En santé, il a combattu pour la vie, *per fas et nefas*. Il peut donc bien, en mourant, combattre pour la vie future, s'il y en a une. Tout républicain athée, qu'il soit juif ou chrétien, qu'il s'appelle Naquet ou Laguerre, est une chrysalide catholique, et sa conversion n'est jamais qu'une question de chiffre et de temps!

Tous les deux arrivent forcément au règne de la force brutale sans justice! Selon le premier, un misérable repenti à l'âge d'impuissance pour des centaines de crimes vaut devant son Dieu plus que soixante-dix justes, ayant toujours voué leurs forces aux faibles. Un simple curé suffit pour détacher tous les effets de leur cause et pour blanchir les plus noirs criminels, comme le crapuleux Napoléon III. Selon l'autre, il n'y a pas eu, il n'y a pas, ni n'y aura jamais quelque part une justice. Il n'y a que la force, et dans la nature, dit-il (il ment effrontément avec ses Shoppenhauer et ses Darwin), les faibles ont été créés pour être dévorés par les forts, et l'Alsace-Lorraine pour être volée et avalée par le fauve Bismarck !

Ont-ils jamais vu, ces hommes à la tête vide et au ventre plein, un éléphant manger une brebis ou un cheval se nourrir de moutons et de chiens ? Dans la nature, au contraire, les forts vouent leurs forces aux faibles. Le soleil, la plus forte planète, donne sa chaleur et sa lumière aux planètes faibles. La mer, six fois plus forte que la terre ferme, qui pourrait tout dévorer, s'arrête devant une petite falaise et une grève plate. Seuls, les animaux de mal, les fauves, les reptiles, les insectes dévorent les faibles, *mais ils ne sont pas créés par la nature ni par Dieu : ils sont les créatures spontanées des vices et des crimes des hommes libres.* Les poux et les punaises, est-ce la nature qui les crée ? Ils sortent tous seuls de la malpropreté des hommes et des maisons. Le désert, qui produit des sauterelles et des siroccos, est une création de l'homme. Les misérables humains, au lieu de vivre en paix, de vouer les forces des uns aux faiblesses des autres, au lieu de cultiver paisiblement partout la terre, aiment mieux ne pas travailler, vivre crapuleusement, se faire la guerre pour quelques fruits dont ils abattent les arbres et pour forcer les vaincus à travailler pour eux, mais qui alors ne travaillent plus du tout ! Que la France ne soit pas cultivée seulement pendant cinquante ans, et il n'y aurait que des fauves et des insectes. La terre s'ensauvagerait et ne produirait que des serpents et des oiseaux de proie qui, s'entre-dévorant, empesteraient le pays de leurs cadavres et en feraient un désert !

Le phylloxera est l'œuvre de l'homme. Outre qu'il a surmené la terre par cupidité, il n'y a rien de plus misérable qu'un citoyen qui s'adonne à la chasse, rien que pour le plaisir de tuer des bêtes innocentes sans défense.

La chasse est un horrible métier, comme celui qui abat des bœufs et des moutons. La France est devenue un vaste camp d'assassins volontaires qu'on appelle chasseurs; ils ont tué tous les oiseaux bienfaisants, et presque tous les oiseaux sont bienfaisants pour l'homme. Tout chasseur est un *would be* assassin. Il l'est ou le devient! Vaillant devant une bête désarmée, il est presque toujours lâche devant l'ennemi! Sur cent soixante-quinze mille lâches à Metz, il y avait au moins cent mille chasseurs. Comme si, selon l'observation de Plutarque, une promenade ou une causerie avec un homme ou une femme d'esprit, n'était pas plus saine et mieux faite pour donner de l'appétit que des marches et des contremarches dans des halliers et des champs défoncés. Plutarque a oublié que derrière ces marécages il y a toujours un cocuage ou un concubinage. Sur cent chasseurs, il y a quatre-vingts cocus!

On dit bien que la chasse est le plaisir des rois. Mais la plupart des rois furent, sont et seront toujours des paillards et des pillards!

Ah! s'ils étaient dans le vrai! Si vraiment il n'y avait nulle part un pouvoir justicier pour venger les vices et les crimes impunis des hommes; si tout n'était qu'un hasard de forces culbutant les unes les autres, sans ordre ni loi, ni principe! Mais, malheureusement pour nous, cette justice, cette loi, cet ordre, ils existent. Ils gouvernent, et ils ont toujours gouverné tous les mondes, qui sans eux s'écrouleraient en cinq minutes! Malheureusement le Temps, seul justicier terrestre, venge les vices et les crimes par d'autres vices, d'autres crimes plus terribles, et jusqu'à la quatrième génération, comme dit Moïse. Du crime de Napoléon III, toléré, accepté par tout un peuple, est sorti l'abject et criminel Bismarck son vengeur. Le poète latin l'a déjà dit avec son *exoriare ossibus nostris ultor*. C'est ce qui fait que si le vaincu a toujours mérité son sort, le vainqueur, la plupart du temps, n'est qu'un bourreau, vil instrument de la justice divine.

Reste à savoir si une société, quelle qu'en soit la forme, mérite de vivre un jour quand elle tolère dans son sein des membres qui effrontément, bravant toute loi, tout devoir, toute dépendance, je ne dis pas d'homme et de citoyen, mais seulement de créature bipède, s'appellent *Anarchistes*, repoussant non seulement tout maître, *homme* ou *Dieu*, mais toute loi sociale, sans laquelle ils seraient tous crevés en naissant; car, s'il n'y avait pas eu de justice sociale, qui donc aurait garanti la vie et la propriété de leurs nourrices et de leurs nourriciers, si pauvres qu'ils fussent?

Ah! vous voulez une société *anarchique*, sans loi ni devoir, sans Dieu ni maître; eh bien! moi, si j'étais au pouvoir, au nom de cette anarchie dont je me ferais nommer grand prêtre, ne respectant ni justice ni loi, je vous ferais appliquer tous les trois jours vingt-cinq coups de coudrier sur les fesses, jusqu'à ce que vous criassiez : *Justice! Justice!* Il y a donc une justice, mon gars! Alors tu cesseras de te dire *anarchiste* ou je te tue comme un chien enragé.

Mais alors il faudrait exécuter la loi contre tous les criminels d'État et de société! Si j'avais été au pouvoir du temps où florissait le Boulangisme, dans une seule nuit je les aurais tous embarqués au Havre pour faire un voyage à Cayenne. Puis, *preuves en main*, qu'il aurait fallu se procurer, je me serais présenté le lendemain à la Chambre, en lui disant : « Voilà ce que j'ai fait. Je vous demande un bill d'indemnité, ou je vous offre ma tête si vous me croyez coupable d'avoir violé la loi de salut de la République! » Car, de toutes les formes de gouvernement, *seule la République créée par Moïse est de droit divin.* Elle est identique avec le Jéhovah-Justice de Moïse, et n'est possible ni ne durera qu'avec et par lui !

La vérité est que l'anarchie est partout, surtout en haut du pouvoir, dans nos Chambres, dans nos ministères, dans notre magistrature, comme dans notre presse. Partout ! Le mot *athéisme n'est que l'euphémisme de l'anarchie.*

La presse crie contre les acquittements des crimes passionnels, et cette même presse n'a pas eu assez de termes d'admiration pour *Flore* de la *Bête humaine,* une truie qui, pour se venger de n'avoir pas été saillie par le goret Jacques, fait dérailler tout un train de chemin de fer, au risque de tuer trois cents personnes innocentes ! D'ailleurs, nos jurys qui acquittent espèren s'acquitter eux-mêmes, chacun se disant : demain, je serai peut-être dans le même cas ! Quant à nos ministres qui ne font exécuter aucune loi, c'est par la même raison. Combien y en a-t-il, dans nos ministères de raccroc, qui n'ont pas de beurre sur la tête pour pouvoir aller en plein soleil ? Il y a quelque temps un bourgeois décoré et coiffé me demanda pourquoi je n'étais pas décoré. Je ne répondis pas à cet imbécile, bien que j'eusse pu lui prouver, par des articles de journaux d'il y a trente-cinq ans, que j'avais refusé deux fois la croix, qui me fut offerte par M. Fould. Mais la vraie vérité, la voici : Parmi les ministres qui, depuis quarante ans, sauf Lamartine et peut-être encore un ou deux que j'oublie, décorent des hommes de lettres, il n'y en a pas un que j'aurais décoré, moi, si j'avais été au pouvoir. *Et l'on veut que je me fasse donner un ruban par des hommes auxquels j'aurais donné des galons ?* Tout cela n'a pas grande importance en temps de paix pourrie dans laquelle nous vivons. Le monde, depuis la fable des *Juges*, a toujours été gouverné par des chardons, après le refus de l'olivier et de la vigne, disant : Je donne mes fruits savoureux à mes frères, je n'ai pas besoin de gouverner. Mais que deviendra la France le jour d'une déclaration de guerre par l'Allemagne et l'Italie? Et ce n'est pas une question ni une frayeur personnelle; car, ce jour-là, malgré mes quatre-vingts ans, j'irai crever sur un champ de bataille en Alsace, et je n'ai jamais manqué de parole depuis que je suis au monde. On m'enterrera, si je ne meurs pas auparavant, comme le prophète Jérémie, dans un fossé de la route. Je ne demande pas mieux. Je vois des coquins et des catins qui, parce que riches, ont trois cents personnes à leur convoi. Je désire que pas un être humain, sauf ceux que je désignerai, ne m'accompagne à mon dernier voyage. Si Dieu ne m'accompagne pas, que me feront les hommes?

Je ne suivrai donc pas le conseil de mon ami de continuer *Mes Contemporains* depuis 1864. On trouvera dans cet écrit vieux de vingt-sept ans toutes les vraies causes de la dépopulation en France, et, après les avoir lues, le lecteur indépendant et impartial trouvera comme moi que tous les écrivains qui ont traité cette question, *s'appesantissant sur les effets matériels sans remonter aux causes spirituelles, ressemblent à des pédicures qui coupent des cors à une jambe pourrie.* D'ailleurs mes jours sont comptés. J'ai un pied dans la tombe. Si pourtant Dieu m'accorde encore quelques jours, j'appliquerai mes principes tout au long à la République actuelle, sous le titre : *Une République Mensonge!* bien que je sache que je prêche dans le désert!

On me reproche de dire toujours la même chose. Parbleu! puisque c'est toujours la même chose, sous une autre forme. L'erreur est multiple comme les maladies. Mais comme la santé qui est *Une*, il n'y a qu'*Une* vérité, qu'*Un* Dieu et qu'*Une* Loi pour tous les mondes visibles et invisibles!

Paris, le 11 septembre 1890.

Paris. — Soc. d'imp. Paul Dupont, 4, rue du Bouloi (Cl.) 1207.9.90.

www.ingramcontent.com/pod-product-compliance
Lightning Source LLC
LaVergne TN
LVHW020339230826
846091LV00003B/933

* 9 7 8 2 0 1 3 6 6 2 1 7 8 *